托爾斯泰格言集

林郁 主編

前　言

　　托爾斯泰（Leo Tolstoy, 1828.9.9～1910.11.20），俄國作家、改革家、道德思想家。生於莫斯科以南約一六〇公里的雅斯納亞·波里亞納。十六歲進喀山大學，一八五一年參軍，駐高加索。一八五二年在《現代人》雜誌上發表處女作《童年》。一八五四年參加克里米亞戰爭。後在《塞瓦斯托堡故事》中敘述了他的這段經歷。一八五七年，前往法國、瑞典和德國遊歷。一八五五～一八六三年間寫了一系列短篇小說，把注意力主要集中於道德問題。一八六〇～一八六一年再次到西歐旅行。一八六二年結婚。在婚後十五年中，創作了兩部最偉大的傑作：《戰爭與和平》和《安娜·卡列尼娜》。

　　《戰爭與和平》通常被視為世界文學中兩三部最偉大的長篇小說之一。托爾斯泰為寫作這部宏偉的史詩，幾乎用了七年時間。無論是作品的規模，還是對問題的論述，這部傑作都遠遠超過他以往的作品。一八七三～一八七七年創作的《安娜·卡列尼娜》，敘事方法和風格與《戰爭與和平》相似，藝術上則比較協調。

在寫作上述兩部作品之間的一段時期，托爾斯泰的人生哲學正處於變化之中。《戰爭與和平》是一部熱愛生活的樂觀小說，它的主要人物在道德上都是健全的，而且能夠主宰自己的內心衝突。《安娜‧卡列尼娜》則是悲觀的，它的幾個主人公的內心衝突往往得不到解決，有時還釀成了災難。安娜與渥倫斯基的私情所面臨的悲慘命運是不可避免的。

　　一九一〇年十月，日益惡化的家庭關係迫使托爾斯泰在一天夜裏悄悄地離家出走。幾天後，他因患肺炎，在梁贊省偏僻的阿斯塔波沃車站孤獨地走完他人生的旅程。

　　雖然這種家庭關係（嚴格來說只是夫妻關係）令人遺憾，但是對托爾斯泰作為一個文學家所取得的卓越成就，評論家從未提出疑義，一致公認他是世界上最偉大的小說家之一。

　　與經濟決定論和馬克思主義激烈的階級鬥爭學說相反，托爾斯泰認為，促使人類達到沒有階級和國家狀態的進步運動，有賴於每一個個人通過奉行至高無上的愛之律則，摒棄任何形式的暴力，從而使自己在道德上日趨完善。儘管托爾斯泰把他的理性主義引向了極端，但如今他仍被公認為十九世紀最重要的思想家之一。

本書就是本著這個宗旨，從托爾斯泰的所有著作，如藝術作品、評論、日記、筆記、書簡等等之中，挑選出代表其各方面思想的語句，再分門別類，歸納成像辭典一樣的托爾斯泰思想體系。

　　第一部「生、死、愛」——收集托爾斯泰的人生觀（倫理觀、宗教觀）語錄。

　　第二部「國家、暴力、金錢」——收集托爾斯泰的社會觀語錄。

　　第三部「藝術、科學、教育」——收集托爾斯泰的藝術觀、教育觀語錄。

　　希望這些精選的一代文學巨匠的人生格言，會讓您在人生的旅途上，得到無限的啟示！

CONTENTS

生、死、愛

生

所有的人，都是為了自己的快樂與幸福而生存。

如果一個人沒有追求幸福的欲望，

那麼這個人可能是不知道自己之所以生存的意義。

也就是說，人如果沒有追求自身幸福的想法，

根本談不上什麼人生。

對所有的人來說，所謂生存，

就等於追求幸福與獲得幸福。

因此，追求幸福與獲得幸福，

當然也就等於人生。

——一八八七年《人生論》

人活著，不是為了期待別人為自己工作，

而是為了服務他人。

勞動的人，才是賜予食物的人！

——一八八四年《我的信仰是什麼？》

水車，

為了把粉磨好，是必要的。

人生，為了讓生命燦爛發光，是必要的。

——一八八七年《人生論》

真正的生活，

要接續過去的生命，

促進現在與未來生活的幸福。

要加入這樣的生活，

人類必須在賦予人子生命之時，

貫徹為人父者的意志，

因而不得不捨棄自我。

——一八八四年《我的信仰是什麼？》

・學生時代的托爾斯泰（1849年）

在現代世界，

所有人類都不能沒有真理，

不能沒有追求真理的意念而生存。

所有不能捨棄的事情當中最不能捨棄的，

是探求人類生存的真理，

以及堅定信仰的真理。

——一八八四年《我的信仰是什麼？》

首先浮現在人們心中的人生的唯一目標，

當然是自身的幸福。

但是，人不能單單只想到自己的幸福，

即使人生中好像有幸福。

「只要自己好就是美滿的人生」，

像這種充滿自私的人生，

每一個動作、每一次呼吸，

都一步步邁向苦惱、不幸、死亡、毀滅，

而且會很難停止地向前猛衝。

——一八八七年《人生論》

我們活著，

不是為了好好地保護自己，
而是為了不停地完成我們的人生事業。
——一八八七年《人生論》

一個人所稱呼的人生，

就是他出生以後的生存，

這絕對不是他的人生。

自己從出生到現在的這一瞬間，

一直生存下來的這個觀念，

就好像夢中所見的錯覺一般。

這也就是說，在還沒有睡醒睜開眼睛之前，

並不知道這只是一場夢；

當睡醒睜開雙眼之時，才恍然大悟——

啊！這不過是一場夢罷了。

同理，在理性意識還未覺醒之前，

人生是毫無意義的。

關於過去所生活的觀念，

只有在理性意識覺醒之時才形成。

——一八八七年《人生論》

如果一個人不知道別人的生存，

不曉得快樂並不能帶來滿足，

又不了解自己正一步步邁向死亡，

那麼，他連自己的生存都無法理解。

——一八八七年《人生論》

作為一個生存分子而存在的你，

就必須比愛自己還要更愛他人才行。

——一八八七年《人生論》

只有拋棄動物性的個人幸福，

才是人類生存的法則。

捨棄個人的幸福，既非美德，也非美譽，

而是人類生存的必要條件。

對動物來說，不以自己單一的幸福為目的而行動，

就是和自己的幸福正面對立，

也就是否定了生存。

不過，人類的情況恰好相反，

僅僅指望自己一個人幸福的行動，

才是完全否定了人類的生存。

——一八八七年《人生論》

對於不死的信仰，並不是任何人都能領受，

都能在內心栽植這種信念。

為了讓不死的信仰存在，首先就必須使信仰存在；

而為了使信仰存在，

就必須使自己在不死的這個方向上掌握自己的生命。

能夠相信來生的人，

在他完成了自己的人生事業後，

便成為這個世界上未能平息之處，

唯一能在有生之年確立對世界之新關係的人。

——一八八七年《人生論》

人生不是遊戲，

人沒有權利憑自己的意志捨棄生命。
用時間的長度衡量人生，是傻瓜的作為。
——一九一〇年《給妻子蘇菲亞的最後一封信》

「追求個人幸福就是人生。」
如果用這種人生觀看世界，
人們會發現，這世界只剩下相互殘殺的獸性鬥爭。
如果承認只有為他人謀求幸福才是人生，
那就可以在這個世界看到完全不同的情況。
偶發的人與人之間的相爭，
遠比他們互相奉獻服務的情形還要多，
這是在這個世界看得到的。
人類之間如果不願互相奉獻、服務，
這個世界根本不能形成。
——一八八七年《人生論》

高興起來吧！
人生的事業、人生的使命，
都是喜悅；迎向天空、迎向太陽、迎向星夜、迎向草原、
迎向樹木、迎向動物、迎向人，都是可喜的。
為了讓這份喜悅不致遭到破壞，你要時時監視它。
這份喜悅若是破滅了，
那就是你在什麼地方犯了錯。
找到這個錯誤，糾正它。
——一八八九年《日記》

人類的生活，

是從早上起床到晚上入睡之間的連貫行為。
人每天必須從自己所能做的無數行為當中，
不斷地選擇自己所能做的事。
——一八八七年《人生論》

對那些把生命當作真實姿態的人來說，

步入風燭之年及對於生命無多的慨嘆，

就如一個面對光亮前進的人，越接近光亮，

越慨嘆自己的影子愈來愈小一般。

相信肉體滅亡即生命滅亡的人，

由於物體進入光亮之處而影子消失，

便因此相信這是物體消滅的確證。

這種結論之所以能成立，

是因為那些長時間看著影子的人，

到了最後，竟把影子當成了物體本身。

——一八八七年《人生論》

俄國文學巨匠 **托爾斯泰**

第二節

死

人類對於死亡的恐懼，

產生於肉體的毀滅及喪失人生幸福的畏怯心理。

如果人能把別人的幸福視同自己的幸福，

也就是比愛自己更愛別人，

那麼死就如同只為自己而活的人所想的一般，

所謂「幸福與生命的斷絕」，

他連想都不會去想。

關於死，對於一個為他人而活的人來說，

可能不曾想到「幸福與生命的破滅」。

為什麼？因為他的幸福與生命

不僅不會隨著他所服務的人類生命之滅亡而滅亡，

反而會經常由於為他人生命的犧牲而被加強，擴大。

——一八八七年《人生論》

越是愛自己，

越會跟他人爭奪，

引起他人的仇視，

於是，彼此就以刀刃相向。

越是想要逃避痛苦，

痛苦就越強烈。

這就如同越是想從死亡線上掙脫，

死亡就越顯得恐怖。

——一八八七年《人生論》

· 攝於1862年

她在她的人生當中，

完成了最燦爛、最偉大的事業。

也就是說，她毫無悔意、毫無恐懼地死去。

——一八五二年《幼年時代》

所謂死亡的恐懼，

並不是指對死產生的恐懼，

而是對虛幻的生存感到恐懼。

最好的證據，

是人們屢屢因死的恐懼而自殺這個事實。

恐懼死亡的人，

是因為死的空虛與黑暗的緣故。

他們之所以能看見死的空虛與黑暗，

是因為他們看不見生的緣故。

——一八八七年《人生論》

人類的死亡，

是因為人已無從再增加真實生活中的幸福，

而不是因為得了肺病、患了癌症、被射殺，

或是處於爆炸事件當中。

我們想著，人不該死，卻又在當中死去，

像這樣的事是不可能的。

人類的死，

只限於對他的幸福是必要的時候。

這就如同一個人會長大成人，

只限於對他的幸福是必要的時候。

——一八八七年《人生論》

所謂肉體的死亡，

是指空間上的肉體與時間上的意識之消失。

然而，構成生命之基礎的東西，

也就是這個世界與各個存在的生命之間

所成立的特殊關係，是不會消失的。

　　──一八八七年《人生論》

我們知道，雷鳴是在打雷之後。

所以，在雷鳴之時，

絕對沒有被雷打到之虞。

但是，我們在聽到雷聲之時，

總會震驚、顫抖。

在死亡的場合也一樣：

不了解生命之意義的人，

以為死亡就是完全的毀滅，

所以，他們恐懼死亡，

並盡其所能地逃避死亡。

愚蠢的人在聽到雷聲之後，

明明早已沒有被雷打到的憂慮，

他仍會想法子躲藏起來。

　　──一九〇五年《人生之道》

死亡的恐懼，

由於人們所心存的錯誤觀念，
使得原本只是侷限於生命小角落的一部分被當作是人生，
而不斷孳長著。

——一八八七年《人生論》

只有在人們錯把肉體上的動物生存法則

當作是人類生存的法則時，

死亡與痛苦才會被看成是一種災禍。

他雖為人類，卻淪落至動物的等級——

只有在這個時候，

他才會看見死亡的痛苦。

——一八八七年《人生論》

是否有所謂死後的世界？

這個問題就如同——

所謂時間，是承受肉體限制的人類思考的產物，

抑或對所有的存在而言，是不可欠缺的條件？

對於所有的存在而言，

時間不可能全是不可欠缺的條件。

這可由我們都是憑藉自己認識不受時間限制之物，

即存在於現在之自我的生命，得到證明。

所以，「是否有死後的世界？」這個問題，

說實在的，與「尾隨時間之後的人類觀念，

以及存在於現在的生命意識，這兩者何者為現實？」

是相同的問題。

——一九〇五年《人生之道》

生命，

是與這個世界的關聯。
生活的運動，是要確立與世界的新高度關係。
因此，死亡就是步入與世界的新關係之中。
——一八八七年《人生論》

活著與死去一樣。
好好地活著，如同好好地死去。
因此，為了好好地死亡，必得努力不懈。
——一九〇五年《日記》

忘卻死亡的生活，
與意識到時時刻刻都逼近死亡的生活，
兩者全然相異。
前者與動物的狀態相近，
後者則與神的狀態相近。
——一九〇五年《人生之道》

人類賦予自己自殺的可能性，
因而人類可以自殺（有自殺的權力）。
因此，人類不斷行使這種權力，
經由決鬥、戰爭，或者以自我墮落的生活方式，
或者用伏特加、菸草、鴉片等，不停地自絕生命。
生存是得不到褒獎的，生命是超越時間與空間的；
而死亡只不過能夠改變生命的形式，
中止在世生存的狀態罷了。
——一九〇〇年《關於自殺》

死亡，

是將我們的靈魂包藏起來的外殼所產生的變化。
外在的軀殼根本無法與其中的靈魂混合為一。
——一九〇五年《人生之道》

對死亡所產生的恐懼，

和對幻覺所產生的恐懼，

也就是說，對不存在的東西感到恐懼，都相同。

——一九〇五年《人生之道》

不論死亡也好，

或是死亡會造訪我們每一個人也罷，

都不是確確實實的。

也許明天、也許午後夜晚來臨之前、

也許夏末、也許冬初，死亡即將來臨，

但那也並不確實。

為什麼我們會準備如何過夜、如何過冬，

卻對死亡毫無準備？

不能不對死亡有所準備。

預備死亡的方法之一，就是好好地過生活。

越是能好好地過生活，

死亡的恐怖便會越少，

死亡也會變得輕若無物。

對於聖人來說，死亡是不存在的。

——一九〇五年《人生之道》

愛

沒有存在於未來的愛，
愛是完全存在於現在的活動。
在現在不表現出愛的人，
是因為他並未擁有愛的緣故。
　　——一八八七年《人生論》

未能理解人生的人的口裡所說的愛，
他們是用來與其它條件比較大小輕重，
只不過是自己個人幸福的條件之一罷了。
不了解人生之意義為何的人，
說他是如何愛他的妻子、兒女和友人，
其中意味著，
在他生活中的妻子、兒女、友人的存在，
只不過是為擴大他自己個人生活的幸福而存在。
　　——一八八七年《人生論》

只有付出愛的人，
才是真正生活著的人。
——一八八七年《人生論》

愛是把其他存在，比自己，
也就是動物性的個人，
放在優先的地位。
——一八八七年《人生論》

· 托爾斯泰與夫人（1910年）

相較於對其他人，更愛某些特定的人——

像這種被錯稱為愛的東西，

有如接木於真愛之上才會開花結果的野生樹木。

野生樹枝與蘋果樹不同，

它不會結果實；就算結了果實，

也不會是甘甜的果實，而是苦的。

同理，只愛特定的人，不能稱作是愛；

不是對其他人行善，而是極大的惡。

所以，提及對科學、藝術或祖國的愛，

以及對待自己的妻子、兒女、友人，

常常被稱作愛的東西，

是世界上最大的惡行。

像這樣的愛，只不過是對動物性生活的某個特定條件，

（勝於其它條件）一時的偏愛罷了。

——一八八七年《人生論》

愛並非理性的歸結，

也不是某個活動的結果。

愛是充滿歡喜的生命之躍動。

——一八八七年《人生論》

真正的愛，

只有在捨棄動物性的個人幸福之時，
才可能存在。

——一八八七年《人生論》

不只是在口頭上說說而已，

為了真正去愛人，

必須真正地放棄對自己的愛。

我們常常讓別人和自己堅信我們是真的想去愛人，

其實我們僅在嘴裡說著，實際上只愛自己。

我們很容易忘卻別人的三餐或睡眠。

對自己，絕不可能如此。

因此，想要確確實實去愛人，

以及放棄對自己的愛，

必得在忘記別人的三餐或睡眠之時，

也同樣忽視自己的三餐以及睡眠。

——一八九一年《最初的階段》

對妻子兒女的愛並非人類的愛。

動物也一樣，

不比人類更加強烈地愛它們的妻子兒女。

人類的愛，

是身為上帝之子民的人類，

如兄弟手足般的人類，

對所有人所付出的愛。

——一九〇五年《我不能沈默》

人們常說，他們不能愛自己。

但是，不愛自己，哪來的生命？

問題應該是——你是愛自己的某些東西，

還是愛自己的靈魂、自己的肉體？

——一九〇六年《一日一言》

愛人，是不能強迫的。

只在你不去愛時，才能阻擾愛。

能防礙愛的東西，就是對「動物性的自己」的愛。

——一九〇六年《一日一言》

沒有比領會到被愛的感覺還令人高興的事。

或許你會感到奇怪——

人不可以為了讓別人愛自己，

特意去討好別人。

人必得拋開對他人的思慮，

努力不懈地接近神，

而且不去考慮他人的事物，

才能讓別人愛你。

——一九一〇年《人生之道》

拼命積存金錢的人不會去愛人。

一個人如果說他愛神，

卻不愛他的鄰人，

那麼他是在欺瞞世人。

如果他說他愛鄰人，

卻不愛神，那麼他是在欺騙自己。

——一九一〇年《人生之道》

人只會去愛完整的東西。

所以，對於愛，

不是把不完整的東西當作完整的東西，

便是只愛完整之物——神。

如果把不完整的東西當作完整的東西，

這種錯覺可能遲早會被看清，

愛也就不復存在。

但是對於神——

一個完整的東西，愛是不可能停止的。

——一九一〇年《人生之道》

PART 1 第三節 愛 29

人們說，

不可以不懼怕神——這是錯誤的。

我們應該去愛神，不可以畏懼神。

一旦有畏懼之心，便無法去愛。

神就是愛，所以不能懼怕神。

為什麼會懼怕愛？不要懼怕神，

我們必得靠自己認識神。

如果能真正地認識神，

這個世界大概就沒有令人懼怕之物了。

——一九一○年《人生之道》

肉體的幸福，也就是所有的快樂，

都是從他人之處奪取才能獲得。

相反地，靈魂的幸福，

也就是充滿愛的幸福，

是我們在增加他人的幸福之時，才能獲得。

——一九一○年《人生之道》

為某種目的而行善，

這樣的作為不是善行。

完全不帶目的，才能成就真正的愛。

——一九一〇年《人生之道》

堂堂正正地生活，

就是意指成為如神一般的人。

為了成為如神一樣的人，

必須無所畏懼，

既不為自己也不為榮耀而活。

而想要無所畏懼，

不為自己也不期待榮耀，

必得先一心一意地去愛才行。

——一九一〇年《人生之道》

如果你了解愛是人生的主要事業，

那麼你在與人相處之時，

就不會想到他對你有什麼好處，

而會想到你做什麼或是如何做，

才能對他有所幫助。

能夠一心一意如此努力才是好的。

這比起你始終只擔心自己的事，

還能獲得更大的成功。

——一九一〇年《人生之道》

神希望我們幸福，

因此，為我們種植了追求幸福的欲望。

但是，神不只希望一個人，

而是希望所有的人類都能幸福，

所以，祂也為我們種植了對愛的需求。

因此，在人與人彼此相親相愛之時，

才能見到人類的幸福。

——一九一〇年《人生之道》

· 克羅翁　牧羊神

第四節

神

所謂「神」，對我以及所有的信徒來說，

最重要的，祂是所有根本的根本、所有原因的原因，

是超越時間和空間的存在，是理性的極限。

——一八八〇年《教條神學的批判》

憑藉思考力，無法理解神。

我們知道神的存在。

但是，並非經由思考而得知，

完全是由我們自己，

靠我們自己意識到神的存在。

一個人要成為真正的人，

必得先靠自己意識到神。

——一九一〇年《人生之道》

在失去對神的信仰之時，

我如同死去了一般。

若是沒有尋覓神的癡望，

我恐怕早已自殺！感謝神！

只有在尋求上帝之時，

我才真正活著。

——一八八二年《懺悔》

只有靠自己才能認識神。

除非自己找不到神，

否則神理應隨處可尋。

對於不是真心認識神的人來說，

神根本不存在。

——一九一〇年《人生之道》

神希望所有人類都幸福。

所以，如果你希望所有的人都能幸福，

也就是說，如果你愛所有人類，

那麼，神便與你同在。

——一九一〇年《人生之道》

神是否存在與自己是否存在，

是同樣的問題。

——一九〇七年《日記》

與上帝結合在一起的人不可能懼怕上帝，

因為上帝不會加害自己。

——一九一〇年《人生之道》

沒有神，便無法生存下去。

認知神與生存是同樣一件事。

神，就是生命的一切。

——一八八二年《懺悔》

・攝於1907年

我們如果不用眼睛去看、

不用耳朵去聽、不用雙手去觸摸，

可能就沒有辦法認識我們周遭的每件事物。

如果我們不能靠自己去認識上帝，

那我們就可能不會了解自己，

連對我們在周遭世界的所見所聞以及所接觸的東西，

都可能無法真正領會。

——一九一〇年《人生之道》

如果我們日夜過著漫無計畫的享樂生活，

就可以不需要上帝。

但是，

想到我是從何處來到這個世界以及死後何處去的問題，

我就不能不去探索

送我來到此世和即將前來迎接我的冥冥中的主宰。

將我送來這個世界的不可知之物，

以及我即將回去的不可知之地，

這一切，我不能不去認識。

只有送我來到這個世界

以及即將迎接我離去的不可知的主宰，

才是我心中的神。

——一九一〇年《人生之道》

人類不能沒有愛。

但是，人們只願意愛毫無瑕疵的東西。
所以世上不能沒有完美的東西。
而毫無瑕疵的完美之物，世上僅有一個，那就是神。
——一九一〇年《人生之道》

人若是過著邪惡的生活，
會說：「上帝並不存在。」
他並沒有錯。
因為上帝只有對那些找到了祂，
並一步步邁向祂的人而言，
才是存在的。
對於那些遠離上帝、反對上帝的人來說，
上帝不存在，且不能存在。
——一九一〇年《人生之道》

我們在上帝的支配之下，
自由自在地感覺到祂的存在。
我們寧可依這樣的感性認識上帝，而非理性。
這就如同在母親懷裡吃奶的嬰兒一般，
完全靠感覺來感受母親的溫暖。
嬰兒並不知道抱著自己、溫暖自己的養育者是誰，
但他知道這樣的人存在，
並在自己的意識之下愛著這個人。
人類與上帝，便是如此。
——一九一〇年《人生之道》

一個人即使不知道自己時時刻刻都在呼吸空氣，

一旦面臨窒息之際，

也會知道缺之即無法生存的某種東西消失了。

就如同失去神的情況一般，

人們常常無法理解自己為什麼痛苦，

而任由痛苦繼續孳長。

——一九一○年《人生之道》

人心不正，感覺不到神的存在，

而且會懷疑神的存在。

要確實打破這種情況的方法只有一個，

即停止思考有關神的事物，

一心一意想到神的規章，

遵守神的法則，並博愛眾人。

這樣做，對神所產生的疑惑會馬上消失，

而且可以再度找到神。

——一九一○年《人生之道》

經由別人口中得知上帝的種種，

卻無法真正認識上帝。

只有實行上帝的法則，才能理解上帝。

——一九一〇年《人生之道》

「以前所思考的有關神的事全錯了，

世界上根本沒有什麼神存在！」

如果你心頭突然浮現出這樣的想法，

不用感到驚惶失措。

你可以說，這是誰都常常會觸及的疑問。

但是，就算你不再相信你以往所相信的神，

你也不能只認定那是因為神原本就不存在。

如果你漸漸地不信你以往所信仰的神，

那只不過是因為你的信仰出現了某種相異之處罷了。

未開化的人不再信仰木雕的神像，

這並非意味著他們認為神原本就不存在，

只不過是他們了解到木雕像不是神罷了。

我們雖然沒有辦法理解神，

但可以慢慢地加深對神的認識。

所以，為了我們自身的緣故，

我們寧可丟棄對神的一些粗糙的想法。

為了更徹底更深刻地認識我們稱之為神的東西，

必得如此。

——一九一〇年《人生之道》

「我不了解愛上帝是什麼意思？

難道真的能去愛不可知、不可解的東西嗎？

我可以愛我的鄰居，

這可以理解，而且稱得上是一樁美事。

但是，愛上帝，就如同做一件蠢事一樣。」

大多數人都這樣想、這麼說。

然而，不但這樣想，而且說出口的人，

實在犯了很嚴重的錯誤。

他們並不了解愛他們的鄰居是什麼意思。

我們不只要去愛我們喜歡且對我們有幫助的人，

就連對我們來說，非常討厭、憎恨的人，

我們都要一視同仁地去愛他們。

能這樣去愛鄰居，也就是愛上帝──

所有人類共同認知的上帝。

不愛上帝，卻能愛他的鄰居，

這才是令人難以理解的事。

　　　　──一九一○年《人生之道》

第五節

靈魂與良心

人類只要活得夠久，必會經過幾個階段——

從呱呱落地的嬰兒、兒童，到長成成人、老人。

但是，不管在哪個階段，

人總稱自己為「我」。

這個「我」不論在哪個階段，

對人來說，都是不變的。

幼年期也好，成年期也罷，

老年期也一樣，都是同樣的「我」生活著。

只有這個不變的「我」，才稱得上是我們的靈魂。

——一九一〇年《人生之道》

一個人即使不靠自己認識自己的靈魂，

那並非就意味著他是個沒有靈魂的人，

只不過是他還未去意識到他的靈魂罷了！

——一九一〇年《人生之道》

人們常常以為摸得到的東西就是存在的。

事實上正好相反。

我們看得到、聽得到、摸得到的東西都是虛無的，

只有我們的「我」，也就是我們的靈魂，

才是真正存在的東西。

——一九一〇年《人生之道》

・攝於1908年

靈魂如一塊透明的玻璃；

神便是穿過玻璃的光芒。

——一九一〇年《人生之道》

與探討靈魂為何物比起來，

探索肉體為何物這個問題，

對我們來說是比較困難的。

雖然肉體與我們是如此親近，

但肉體終究為身外之物。

只有靈魂才屬於我們自己。

——一九一〇年《人生之道》

一個人若以為在他眼裡所見到的一切就是無限的世界，

那他就犯了一個很大的錯誤。

人類對於外界的認識，

只不過是因為擁有視覺、聽覺、觸覺的緣故罷了。

若說這些感覺有什麼特別的地方，

這個世界就可能也會有什麼特別之處。

因此，人不但不了解自己所居住的這個世界，

也無從得知。

能真實而完整地了解這個世界的只有一個，

那就是我們的靈魂。

——一九一〇年《人生之道》

每個人體內都住著兩個人，

一個是盲目的肉體人，

另一個是明眼的靈魂人。

前者，也就是盲目的人，

如上了發條的時鐘一樣，

按部就班地吃、喝、勞動、休息、繁衍子孫；

後者，也就是明眼的人，什麼都不做，

只進行批判前者所做的具動物性之人盲目做出的一切。

明眼且擁有靈魂的人，就是我們的良心。

良心的工作就如同羅盤針，

只要偏離了針所指的方向，

羅盤就會開始轉動。

良心在人類做著應做之事時沈默著。

只要人類一偏離真實之道，

良心便會指導他該走向何處。

——一九一〇年《人生之道》

我們不能說「我」活著。

活著的並不是「我」，

而是住在「我」心中的靈魂，

「我」只不過是靈魂進出的洞穴罷了。

——一九一〇年《人生之道》

不死之靈魂需要同樣不朽的事業。

靈魂所安排去完成的事業，
是自己也是世界不可限量的成就。

——一九一〇年《人生之道》

良心是對於心中靈魂的認識。

只有認識我們的靈魂，

良心才能成為人類生活的忠實指導者。

但是，人們往往不把對靈魂的認識當作良心，

而認為思考周圍人事的好壞才是所謂的良心。

——一九一〇年《人生之道》

世上沒有不生病的強健體魄，

也沒有用不完的財富，

更沒有恆久不變的權力。

它們全是易脆的飄渺之物。

世人把健康、富有、權力當作人生的目標。

但是，即使達到這些目標，

他們仍無法揮去不安、恐怖、悲哀的陰影。

那是因為，他們必然會見到，

自己一生所得到的全部，正一點一點地從手中消逝，

而且自己不斷老去，一步一步走向死亡。

人要怎樣才能除去自己的不安和恐懼？

只有一個方法，那就是——

把我們的一生托付給永遠不死，

永遠不會消失、毀滅，活在心中的靈魂。

——一九一〇年《人生之道》

人類活著不是依靠肉體，而是依靠靈魂。

一個人若體會到這一點，

並把自己的一生托付給靈魂而不是肉體，

那麼，即使人被鎖在鐵窗之內，

他的心仍然是自由自在的。

——一九一〇年《人生之道》

結識他人是一件令人高興的事。

但是，要怎樣做才能結識所有的人？

我自然結識我的家人。

但是，要結識其他人，怎麼做才好？

我和我自己的朋友及所有俄羅斯人、

所有基督徒都有關聯。

但是，和不認識的人、其他民族及異教徒，

要如何建立關係？

世上有那麼多人，且每個人都不相同，

用什麼方法可以打破彼此的陌生？

方法只有一個，那就是：丟掉「別人」這個意識。

不要想著是去和「別人」打交道，

使自己心中與所有人心中的靈魂彼此相連。

——一九一〇年《人生之道》

兒童比成人還聰明。

兒童不知道人世間所謂的身分或地位，
卻感覺得到每個人心中都有著和自己心中相同的靈魂。

——一九一○年《人生之道》

這個世界上，沒有比靈魂更崇高的東西，

而這個靈魂就住在所有人類心中。

因此，這個世界上所有的人，

不論是皇帝或犯人、主教或乞丐，都是平等的。

那是因為，在所有人心中，

都有著世界上最崇高的靈魂。

世俗之人敬重皇帝或主教而輕視乞丐及囚犯，

就如同看到一枚包著白紙的金幣及一枚包著黑紙的金幣，

他們總是比較看重前者一樣。

所有人心中都具有和我們自己心中一樣的靈魂。

因此，我們必得在胸中謹記：

不論對哪一種人，

都要抱著同樣慎重的態度及同樣的尊敬。

——一九一○年《人生之道》

人類比動物優秀，

並非因為人類可以左右動物，

而是因為人類能夠憐惜動物。

人類之所以能憐惜動物，

是因為他可以感受到動物也擁有和人心中相同的靈魂。

——一九一○年《人生之道》

一個人只有在所有人類心中見到自己，

才可能把握他自己的生命。

——一九一○年《人生之道》

一個人若不能在所有鄰居心中

見到與自己及所有人類相同的靈魂，

那他就不是清醒地活著。

只有在所有鄰人心中見到自己與上帝的人，

才是真正清醒地活著。

——一九一○年《人生之道》

如果你想要和所有的人快樂地生活，

你便不能斷絕及遠離別人，

反倒要與別人緊緊相連。

——一九一○年《人生之道》

·向班尼　皇家港口教區的兩位修女

第六節

信仰

信仰含有人生的意義，
給予人力量及生活的方針。
活著的人，不論是誰，
都得先尋求人生的意義，再據此生活。
不去尋求人生之意義的人，與死去的人沒有兩樣。
——一八七九年《教會與國家》

為什麼有些人總是喜歡向別人傳播他自己的信仰？
如果他擁有真實的信仰，
他應該知道，所謂信仰，
就是人生的意義，
是人自己所確立的與神之關係，
因而是沒有辦法教的。
只有虛偽的信仰才能被傳授。
——一八七九年《教會與國家》

所謂信仰的事業，就是本著信仰的生活。

因為，只有生活的地位才高過世界上所有東西。

所以，我們只能遵從由生活而認識的神。

——一八八〇年《教條神學批判》

真實的宗教了解人類所有法則之上的法則，

也就是全世界所有人類的唯一法則。

——一九一〇年《人生之道》

· 攝於1907年

純真的生命，

活在信仰、空想及瘋狂當中。

——一八八四年《我的信仰是什麼？》

我領悟到，所謂信仰，是了解人生的意義，

並由其中走向永生，而非自滅。

人只要活著，便會信仰某種東西。

一個人若不相信人類是為了某種目的而活下去，

那他就等如沒有活過。

如果他沒有發現到有限之物的虛無，

不理解其中的無常，

那麼他只是信仰這個有限之物。

若是他能覺悟到有限之物的虛無飄渺，

便是信仰著無限的永恆。

沒有信仰，人就無法生存。

——一八八二年《懺悔》

人必須相信什麼，而不能沒有信仰。

但是，你不能相信別人所說的事。

你應該靠你自己思想的發展，

用你自己的理性去判斷、斟酌，而後才能相信。

也就是說，相信神，

相信真實且永恆的生命。

——一九一○年《光在黑暗之中閃爍》

真正的信仰不需要教會、裝飾，

也不需要聖歌和眾多教徒，
真實的信仰只在寂靜和孤獨之中浸透人心。
——一九一〇年《人生之道》

要光榮地活著，
不可以不知道自己當做及不當做之事。
因此，信仰是必要的。
信仰知道人為什麼活在世上。
所有理性的人都擁有這樣的信仰。
——一九一〇年《人生之道》

如果開始懷疑自己的信仰，
那就已經不再是信仰。
從未有「我不能相信謊言」的想法之信仰，
才是真正的信仰。
——一九一〇年《人生之道》

人生真實的法則相當簡單明瞭且容易理解。
所以，人不可以用不知道這個法則為藉口，
為自己醜惡的生活辯護。
一個人若違背這個人生的真實法則而生活，
他就是捨棄了理性。
事實上，他真是如此。
——一九一〇年《人生之道》

我們不能憑藉理性達到真正的信仰。

但是，為了檢討別人所傳述的信仰，
理性是必要的。
──一九一○年《人生之道》

信仰並非對事物的所以然應該如何提出質疑，
而是堅信對我們有所啟示的東西。
真正的信仰會告訴我們人為何物及人該做之事，
卻不會告訴我們結果。
如果我信仰神，
就沒有必要詢問歸依神的結果是什麼？
因為我知道，我愛神。
從這種愛，除了得到善以外，
我不會得到任何回報。
──一九一○年《人生之道》

耶穌基督說：
「你們要相親相愛，就如同我愛你們一樣。
能夠相親相愛的話，所有的人才能認同你們是我的弟
子。」
他並沒有說：「你們相信這些的話。」
而是說：「能夠相親相愛的話。」
信仰會因人因時代而有所不同，
但是，任何人在任何時代，
「愛」都是永遠不變的。
──一九一○年《人生之道》

如果一個人過著不好的生活，

那是因為他缺乏信仰。

同理，如果某些國民過著不好的生活，

那只因為他們失去了信仰。

　　——一九一〇年《人生之道》

人類的生活，

由於實踐人生真實法則的程度而有好有壞。

一個人越是能好好地把握人生的真實法則，

他的生活就能過得越好。

反之，若含糊地應付這種法則，

就無法過好的生活。

　　——一九一〇年《人生之道》

如果一個人想用祈禱或儀式取悅上帝，

那簡直是欺騙上帝之舉。

我們不可能欺騙上帝，

能欺騙的只有自己。

　　——一九一〇年《人生之道》

一個人若是擁有真實的信仰，

便如同在黑暗的屋子裡點起明亮的燈火一般，
整個心會明亮清澈起來。

——一九一〇年《人生之道》

「愛神與你的鄰居！」

這樣的人生法則既簡單又明瞭。

每個人只要稍微懂事，

就可以真心意識到這個道理。

所以，若沒有虛假的教育，

且所有的人都遵守這個法則，

這個世界就可以成為天堂。

但是，常會有一些虛假的傳教士，

他們承認不是神的神，

把不是神的法則當成神的法則，

並向世人傳播。

世人因而深信這些虛假的傳教，

遠離了人生真正的法則，

疏遠了對神之真實法則的責任。

所以，人類的生活變得痛苦，

也變得更悲慘。

如果你不愛神，

也不愛你的鄰居，

那麼，也不要相信任何教誨。

——一九一〇年《人生之道》

每個民族都有自稱是唯一得知上帝之真實法則的人存在。

這些人為了證實自己所說的事，

以及顯示自己所說的法則才是真正的上帝之法則，

常常會宣揚一些上帝的奇蹟之類的事。

不僅如此，這些人將這些事記載在書上，

並聲稱這是得自上帝的告誡，

絕無虛假，而向人們傳播。

這些根本都是謊言。

上帝的指示不會限定於賜予某個特定的人，

更不會吝於啟示任何一個對真理有所需求的人。

以往不曾有過奇蹟，現在也沒有。

各種有關奇蹟的傳說全是無稽之談。

說什麼得自上帝之告誡絕無虛假的書，

都是一派胡言。

不管哪一種書，都是集人類的智慧而成；

任何一本書，也都可以說是有害也有益，

既真實也不真實。

——一九一〇年《人生之道》

真正的信仰並不是去相信奇蹟、聖禮或儀式，

而是去相信對全世界所有人類有所幫助的真理。

——一九一〇年《人生之道》

愛會使人幸福，
因為愛是人與神之間的橋樑。
——一九一〇年《人生之道》

人的信仰越堅定，
生活就越不可動搖。
沒有信仰的人，
過的是和動物一樣的生活。
——一九一〇年《人生之道》

信仰並非從古至今都屬真實，
它隨著人生之路而愈見清晰。
我們如果覺得一定要承繼我們的祖先
或曾祖父所信仰的東西，
這就如同以為長大成人之後，
兒童時期的衣服仍能合穿的想法一樣。
——一九一〇年《人生之道》

想要得到真實的信仰，
首先必須立刻丟棄自己盲目的信仰，
然後根據理性，
全盤檢討自幼所學及深信不疑的一切事物。
——一九一〇年《人生之道》

不知神的存在不是一件好事。

更糟的是，去信仰不是神的神。

——一九一〇年《人生之道》

真正的信仰不在於星期幾吃素、星期幾該上教堂，
或用哪一種方式祈禱。
真正的信仰是寓於平日的愛、美好的生活，
以及待人如己的習慣當中——
這才是真正的賢者及所有民族之聖人所教導給人的信仰。
——一九一〇年《人生之道》

人若是只為了要求未來表面的幸福而信仰，
那並不能稱作信仰，
而只是為未來打算。
因為，真正的信仰只能帶給你眼前的幸福，
未來那些不管怎樣膚淺、表面的幸福，都不得而知。
——一九一〇年《人生之道》

不信周圍所有的人所信仰的，
並不能就說是個沒有信仰的人。
信自己所不相信的東西而思考它，
並說給眾人知曉，這才是真正沒有信仰的人。
——一九一〇年《人生之道》

第七節

基督徒

「基督教國家」的本質和「溫熱的冰」一樣。

是國家不存在，還是基督教不存在？

——一八七九年《教會與國家》

我並不把基督教視作神的特殊啟示，

或是一種歷史現象。

在我心中，它是賦予我們人生意義的一種教誨。

——一八八一年《福音摘要》

偉大人物的教誨——

能將曖昧難懂的敘述轉變成清晰易解的敘述，

才算是偉大的教誨。

——一八八一年《福音摘要》

基督的訓示僅是對個人的拯救，

而無關一般的國家問題——

這樣的說法並不恰當。

——一八八四年《我的信仰是什麼？》

．攝於1905年

基督的所有訓示，

為世人帶來神的國度，也就是和平。

——一八八四年《我的信仰是什麼？》

為了實行基督的教誨，

不管遇到怎樣難堪的境況，

不管是否將因而失去生命，

我都不覺得可怕。

會感到恐懼的人，必沒有發覺，

自己若孤立生活，將過得愚劣且毫無希望，

而且總以為只有自己不會死。

我知道，只顧自己個人之幸福的孤立生活是相當愚蠢的，

過這樣愚蠢的生活之人，必定會導致他愚蠢地死去。

因此，我不能不感到害怕。

我和大家、和不實行基督之教誨的人一樣，

將來有一天都會死亡。

但是，我的生死對我以及所有人來說，有其價值存在。

我的生與死，對於所有人的生活，多少有點用處吧？

這才是基督的教誨之所在。

——一八八四年《我的信仰是什麼？》

基督的教誨提高了人子（也就是人類）的生命本質。

祂並自稱上帝之子，

引導世人認識祂的教誨。

——一八八四年《我的信仰是什麼？》

所有的人如果都能實行基督的訓示，

在這片土地上，就可能建立神的國度。

我自己一個人若能實行基督的訓示，

我就是為所有的人及自己做了最好的事。

不實行基督的訓示便無法得救。

——一八八四年《我的信仰是什麼？》

基督的教誨是有關真理的教誨。

信基督並不是去信有關耶穌的事，

而是去了解真理。

基督的教誨沒有辦法強迫人，

也不能拉攏人去實行。

理解基督之教誨的人應該會相信基督，

因為基督的教誨就是真理。

知道對自己的幸福來說真理是必要的，

就不能不去信這些真理。

也就是說，

真正理解自己常沈迷之事的人必能抓住救助的繩索。

如果有人問該如何去信基督，

那就表示他並沒有理解基督的教誨。

——一八八四年《我的信仰是什麼？》

我們肆無忌憚地侵犯同胞的生活，

仍自詡為基督徒、博愛又有教養的正人君子。

——一八八六年《那麼，我們應該怎麼辦？》

基督徒可以因為信奉神的權力在上，

而從人類的權力中解放出來。

基督徒在自己內心意識到基督所指示的真理，

並只服從神的權力。

並非經由鬥爭，也不是經由破壞現存的生活方式，

而是藉著改變對生活的思考方法，

就可以從人類中解放出來。

——一九八三年《上帝的天國在你心中》

·夏卡爾　白色釘刑

基督的訓示是一道閃亮璀璨的光芒，

黑暗不能覆蓋住它。

光閃閃發亮時，

沒有不被光照射到的。

沒有人能反抗光，

沒有人不跟隨著光。

基督的訓示會覆蓋生活墮落者的迷惑，

使其不能不跟隨在這些訓示之後。

這並不是和人類衝突，

而是像物理學家所用的乙醚一樣，

漸漸滲透所有的人。

──一八八四年《我的信仰是什麼？》

基督教誨的力量

並不在於祂對有關人生之意義所做的說明。

由這個說明衍生出來的是有關人生的訓示。

基督有關形而上學的訓示，絕對不是什麼新穎的東西，

它原本在世人心中早已銘記，

與全世界所有真正的聖賢對人類的教誨完全一致。

基督教誨的力量就在於──

將這個形而上的教誨應用到人類實際的生活之中。

──一八八四年《我的信仰是什麼？》

基督徒聲言服從人或人類制定的法律，

就如同僕人同時也聽從主人以外之人的命令。

人必須忠心不貳。

——一九八三年《上帝的天國在你心中》

如果基督教不教世人憎恨作惡並愛你的敵人，

也不教世人不要以牙還牙，

它就沒有存在於世上的理由。

——一九〇八年《筆記》

一個真正的基督徒，

在國家提出違反他的良心的要求時，

他可以有如下的反應，而且必得如此——

我無法證實我對國家來說是有用或有害。

重要的是，國家對於這個我來說，並非必要。

其次，我無法做到所有對國家的存在是必要的條件。

我所領會到的僅有這兩點。

——一九一〇年《人生之道》

國家的所有義務——宣誓、納稅、審判或軍隊等，

完全違反了基督徒的良心。

但是，國家的權力全都建立在這些義務之上。

與政府敵對的革命分子是在外部與政府戰鬥。

基督徒絕對不與政府戰鬥，

卻一點一點地從內部開始腐蝕政府的所有基礎。

——一九八三年《上帝的天國在你心中》

基督的訓示是唯一能領導人類的教誨。
基督的理想不能用膚淺的律則頂替，
也不應該這麼做。
我們應該保持這個理想的純粹狀態，
並好好地宣揚它。
最重要的是：必得相信這個理想。
──一八九○年《克羅采奏鳴曲》

人類在上帝的命令與政府的命令之間必須擇一的時候，
如果他選的是政府的命令，
他的行為與不聽命於自己的主人，
而去聽從在路上碰到的第一個人的命令之人一樣。
──一九一○年《人生之道》

我們一直深信，
我們自身所造成的許多不幸，
全都是我們生活的必經之途。
所以，基督所教導世人的──
「怎樣做才能遠離不幸，過幸福的生活」，
實在讓人無法理解。
──一八八四年《我的信仰是什麼？》

第八節

人類

虛榮心和真實的悲傷是全然矛盾的兩種感情。

但是，兩者同為深植於人類本性中的感情。

所以，即使在極度悲傷的情況下，

也不能完全驅走人的虛榮心。

悲傷時的虛榮心，是希望別人能為他悲嘆，

希望別人能把他當成不幸而堅強的人。

像這樣狡猾的希望，雖然我們自己不曾發現，

但是，每當我們極度悲傷的時候，

它就會糾纏上我們，

從悲傷那兒奪去我們的力量、尊嚴與誠實。

——一八五二年《童年》

對痛苦，深切的同情排除在外，

是由於害怕對忍受痛苦的人

所表示的高度敬意會變成對他的侮辱。

——一八五五年《十二月的塞瓦斯托堡》

在上流社會吃得開，

是在不得不認真避免喪失之時的一種資本。

——一八六九年《戰爭與和平》

不幸的人喜歡見到同情他的人，

喜歡向別人訴苦，

喜歡聽充滿愛與同情的話。

——一八五五年《十二月的塞瓦斯托堡》

‧攝於1896年

世界上最不可理解的就是人類。

——一八八五年《彈子房配分員手記》

在出門之際，生活步調激變的時候，
還有餘力仔細考慮自己之行動的人，
很容易被真正的沈思所擄獲。
這時候，他大都會檢討過去，
並試著為未來做一番設計。
——一八六九年《戰爭與和平》

心胸狹窄的人，
他的苦惱是由於不明瞭別人對他的評價而產生。
所以，不管任何評價，
只要清清楚楚地被表明出來，
苦惱就會立刻消失。
——一八五二年《童年》

要領是：不可想得太多。
即便是連想都沒想，
那也不是什麼大不了的事。
人類就是因為什麼都想，
才會什麼都小題大作。
——一八五五年《十二月的塞瓦斯托堡》

人在瀕臨危險的時候，

心中常會出現兩個力量相等的聲音。

其中一個聲音會語重心長地說：

「你該想個辦法認清這危險的本質，

然後遠遠地逃離它。」

另一個聲音則更語重心長地說：

「去感覺到危險正一步一步逼近，是非常辛苦的，

而且看清所有的事，然後遠離事情的所有發展，

根本用不著人類的力量。

所以，在危險還未真正來臨之前，

不要去想痛苦的事，只要想著快樂的事就好了。」

人類在孤單一個人的時候，

大多會聽從前者的聲音；

在人多勢眾的時候，

則會聽從後者的聲音。

　　——一八六九年《戰爭與和平》

只有深刻愛過的人才會嘗到刻骨銘心的悲傷。

但是，追求愛的欲望又為他中和了傷痛，癒合了傷口。

因此，人類精神上的特質比肉體上的特質更加充滿活力。

悲傷絕對無法殺人。

　　——一八五二年《童年》

世界上沒有人類無法習慣的事，

特別是在見到周圍的人都過著類似自己的生活時更是如此。

——一八七七年《安娜·卡列尼娜》

沒有能力根據自己本質上的價值對人表示尊敬的人，

常常本能地害怕與部屬接觸，

而恣意表現出自人的態度，

並盡力遠離別人對自己的批評。

——一八五五年《八月的塞瓦斯托堡》

在群聚生活當中，

即使組合的分子全是善良的人，

因為他們的關聯只建立在獸性的醜惡上，

人們所看到的只是人類本性上的弱點與殘忍而已。

——一八五七年《D·涅夫魯多夫公爵的日記〈琉森〉》

為何有些人在和對手碰面時，

很幸運地只見到他壞的一面，

而無視於他所有的優點？

相反地，又為何有些人只在對手身上找到優點，

尤其是勝過自己的優點，

即使那會成為緊緊刺痛他胸口的記憶？

——一八七七年《安娜·卡列尼娜》

一個人若是意識到沒有任何事物可以妨礙他改變姿勢，
即使他保持著同樣的姿勢，蹺著二郎腿，
不管多久都可以一直坐下去，
他的腳就會開始發麻、僵硬，
心裡只想著：哪個地方可以讓他伸一伸腿？
——一八七七年《安娜‧卡列尼娜》

有莊嚴的老年，也有醜惡的老年，
更有悲慘的老年，還有既醜惡又莊嚴的老年。
——一八六六年《霍爾斯托麥爾》

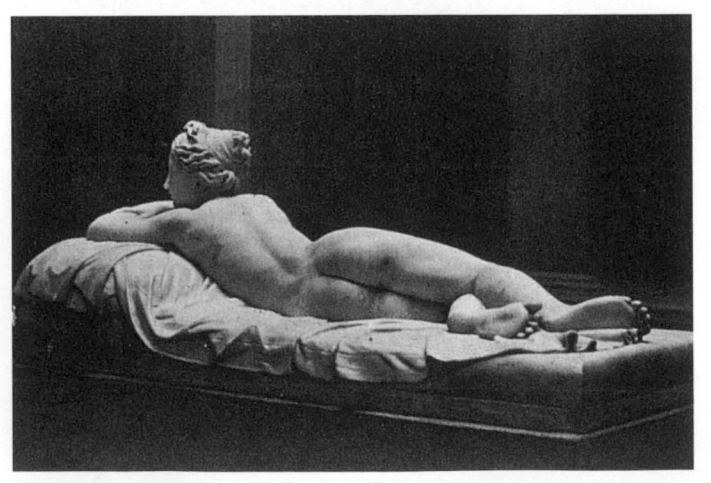

‧沙多　躺臥的女子

人們不做讓自己更好的事，

而以盡可能讓很多東西成為自己的東西為人生之目標。

——一八六六年《霍爾斯托麥爾》

馬或馬車，是交通上的一種手段；

衣服、房子是因應天候之變化以保護自己的一種手段；

美味的食品是為了維持體力的手段⋯⋯

這些對人類都非常有益。

但是，當人們把擁有這些手段當成目標，

認為擁有馬、馬車、衣服、屋子、食物愈多愈好的時候，

這些東西不只對人類有益，也變得對人類有害。

——一九○一年《為馮・波蘭茲的著作〈農民〉
　　　所作的前言》

人通常會這麼想——

保守主義者大多是老人，

進步主義者大部分是年輕人。

其實，保守主義者大部分是年輕人。

年輕人首先立了一個想要活下去的願望，

卻不思考要如何生活下去，

而且連思考的餘暇都沒有。

他們只選擇平常他們所過的生活方式做他們生活的準則。

——一八九○年《惡魔》

借東西給別人，
就像把東西丟到山底一樣。
想拿回借出去的東西，
就像把東西推到山頂一樣。
——一八六六年《酒的起源》

狗，只要帶著牠，寵育牠，餵牠食物，
教牠搬運東西，就很令人高興了。
但是，人類，不是寵育之後給他食物，
教他希臘語就夠了。
人類必得要學會何謂人生，
亦即學會「施多受少」的人生哲學。
——一八八六年《那麼，我們應該怎麼辦？》

一個人處於違反自己良心的立場時，
不可能受制於他人，
再違反自己的意志。
如果你現在處於某個立場，
這不是因為他人有所需要，
而是因為你自己希望的緣故。
——一八九三年《上帝的天國在你心中》

偉大而真實的事，

常常純樸又虔誠。

——一八八六年《那麼，我們應該怎麼辦？》

所有的人，

都是一方面照著自己的想法，

另一方面卻又迎合別人的想法而生活、行動。

因此，由於照自己的意思生活的程度

和照別人的意思生活的程度不同，

形成了人與人之間的一個主要差異。

有的人在大部分場合中，

把自己的思想當作知性的遊戲，

操縱著搖擺不定的飛輪，

遠離傳導自己的理性路線，

任何行為都依循別人的想法——

習慣、傳言、法律。

另一種人認為自己的思想是全部行動的主要動力，

平常幾乎只聽從自己的理性要求，

很少因為輿論的評價而服從別人的決定。

——一八九九年《復活》

無疑地，

真正的精神病患只會認為別人都有精神錯亂的徵兆，

卻不承認自己已精神錯亂。

——一八九〇年《惡魔》

人可以不去想什麼是壞事，

但是，一定要認知到做壞事是一種罪惡。

——一八九三年《上帝的天國在你心中》

每個人都擁有一個特定的本質，

人類當中有好人、壞人、愚蠢的人、感覺遲鈍的人、

精力充沛的人，這樣的想法是普遍存在的一種迷信。

人類其實並不是這樣分類的。

然而，我們經常卻如此區分世人。

人類就如同河川一樣，

任何一條河川的水都是水，不會改變，

只是有的河川水勢很小，有的水勢很大，

有的流速很快，有的很慢，

有的河水清澈見底，有的卻很污濁，

有的河水非常沁涼，有的卻很溫暖。

人類也一樣。

每個人都擁有全部特質的種子，

有時是某個特質萌芽了，

有時則是另一個特質萌芽。

所以，同樣一個人，在不同的時候，

展現出來的常常是完全不同的人。

——一八九九年《復活》

第九節

自己

宇宙的生活是根據某些人的意志所形成。

也就是說，有些人按照全宇宙的生活以及我們的生活，

創造了自己的事業。

想要理解這個意志的意義，

首先得實行這個意志所命令的事──

這個意志要求我們做的事。

我們若不實行這個要求，

就絕對無法理解這個要求的內容，

更無法理解我們全體及宇宙全體所要求的內容到底為何。

──一八八二年《懺悔》

決定什麼東西必不必要或好不好的主宰？

既不是別人的意見，

也不是世界的潮流，

而是自己和自己的心。

──一八八二年《懺悔》

我們認為，對別人說謊，

特別是由於某種原因而說謊，

是一種惡劣的行為。

但是，我們卻一點也不畏懼自欺的謊言。

事實上，不管欺騙他人是多麼惡劣、虛假且顯而易見，

一旦跟欺騙自己比較起來，就顯得微不足道。

然而，我們常在這個自欺的謊言上，築起自己的生活。

——一八八六年《那麼，我們應該怎麼辦？》

・攝於1856年

自己是什麼？

是無限永恆的一部分。

——一八八二年《懺悔》

對上流社會的我們來說，

不僅要避免欺騙他人和自己，

更要懂得悔改。

對根植於我們的教養、優雅、才氣等形態之上的傲慢，

更必須驅除。

不要拒絕和民眾分享你所獲得的有用之物，

停止自詡為民眾的恩人或上等人，

要認定自己是墮落於罪惡之深淵的無用之人，

而為成為一個堂堂正正的人努力不懈。

對民眾施捨、欺辱及虐待，

是必須禁止的事。

——一八八六年《那麼，我們應該怎麼辦？》

不自己思考事物的人，

是別人思想的奴隸。

作為別人思想的奴隸，

遠比肉體成為別人的奴隸更加卑賤。

不管別人用何種語言加諸你，都不要在意，

只要用自己的頭腦思考，擁有自己的想法。

——一九一〇年《人生之道》

對你自己來說，最重要的事是你了解自己多少，
因為你的幸福或不幸均由此產生。
你自己的幸福或不幸，
絕不會因為別人對你了解的程度而有所改變。
所以，你不要太介意別人的想法。
你只要想著如何堅強自己靈魂的生活就好了。
——一九一〇年《人生之道》

「我們應該怎麼辦？」
對此問題，我在自己身上找到如下的答案——
其一、不要對自己說謊。
不管自己的人生之道偏離了理性
所開創的真理之道有多遠，也不懼怕真理。
其二、捨棄自以為比別人正確、
優越這種唯我獨尊的驕傲，
視自己為罪惡深重的人。
其三、實踐人類恆久不變、光明正大的律則。
亦即為維持自己和別人的生活而努力，與大自然奮戰到
底。
——一八八六年《那麼，我們應該怎麼辦？》

不要讚美自己，

不要責備別人，
不要與別人爭執。
——一九一〇年《人生之道》

嘴裡指責戰爭、監獄等暴力行為，
一邊卻直接參與這些行為的人，委實不少。
身為現代人，即使不想做不道德的事，
在別人要求參與任何事的時候，
就算這件事外表看起來不是壞事，
你也要非常小心地深刻探討才可以。
人在吃炸羊排的時候，
不能不知道炸羊排是殺了羊之後，才製造出來。
另一方面，在兵工廠或火藥工廠工作的人，
或是身為一個軍官、一個徵稅的官吏，
在領取酬勞的時候，不能沒有一個認知，
那就是：自己所接受的報酬，
是參與殺人的準備工作所得到的薪水，
或是參與搶奪貧困之人的勞動所得所取得的報酬。
在現代世界，
對人類危害最大的犯罪並不是那些偶發的事件，
而是那些不斷發生，
且不被人們認定是犯罪的事件。
——一九一〇年《人生之道》

我們不能因為看不見自己所迫害、所殺害之人的表情，

或者以和自己做同樣事情的人實在不勝枚舉為理由，

而心安理得，且不以為自己是個迫害者或殺人犯。

或許你可以說，你不知道你手上的錢來自何處，

所以你不是迫害者，也不是殺人犯。

但是，如果你知道這些金錢的出處，

那麼你對別人（對別人，不管什麼事，總是有理由可說）

及自己的良心，

絕對毫無辯解的餘地。

──一九一〇年《人生之道》

任何事，依靠真實比依靠虛假，

更能快速而直接地解決問題。

因此，對別人說謊，只會使問題更趨混亂，

以致無法解決。

用真實粉飾欺騙自我的謊言，

更會毀滅人的一生。

──一八八六年《那麼，我們應該怎麼辦？》

真正的力量不在於征服他人的人身上，

而在於能夠戰勝自己，
不讓動物性本能支配自己的人身上。
——一九一〇年《人生之道》

要提升自己的生活。

僅僅如此，也能提升別人的生活，

而達到視人如己。

因此，我若提升了我自己，

也就是提升了所有的人。

　　——一八八〇年《教條神學批判》

對別人說謊，實在是一件惡劣的事。

然而，對自己說謊，更是一件糟透的事。

因為對別人所說的謊言隨時有被褐穿的可能，

而欺騙自己的謊言卻沒有人揭發。

所以，欺騙自己的謊言愈發對人有害。

因此，你要注意，不要對自己說謊，

特別是有關信仰的問題。

　　——一九一〇年《人生之道》

責備別人通常不是一件正確的事。

因為，絕對沒有人能夠知道受責備的人心理的變化，

以及他的想法。

　　——一九一〇年《人生之道》

當面指責人絕不是一件好事，

因為這就如同在侮辱人。

暗地裡挑人的毛病更是一件令人不快的事，

因為這就像是欺瞞人的舉動。

最明智的做法是：

不要去找別人的錯誤，並忘掉別人的缺點。

自己的缺點則不能不找出來，並且銘記在心。

——一九一〇年《人生之道》

你給予別人的，永遠都屬於你；

你不打算給別人的，終究是別人的。

如果你從自己身上拿了什麼東西給別人，

這是你對自己行善，

而且這個善永遠都是你自己的，

沒有人能夠奪走它。

就算你不想給別人想要的東西，

那只不過是暫時或在不得不給別人之前，

寄放在自己身上罷了。

當死亡來訪之日，

你就不得不放手一切。

——一九一〇年《人生之道》

善良又聰明的人，

在他想著別人比他自己更磊落、更聰明的時候，
才看得出他與別人不同。
——一九一〇年《人生之道》

好人總是忘不了自己所犯的錯，

而不記得自己所做過的善事。

壞人剛好相反，他老是不記得自己所犯的錯，

卻忘不了自己所做過的好事。

你不能輕易地原諒自己。

如此一來，你才能很快地寬恕別人。

　　——一九一〇年《人生之道》

「要像愛自己一樣去愛你的鄰居。」

這並不是要你非得盡力去愛你的鄰居不可。

沒有人能夠強迫自己去愛。

這句話是教人不要愛自己勝過愛別人。

當你不再愛自己勝過愛別人時，

你便能很自然地像愛你自己一樣，去愛你的鄰居。

　　——一九一〇年《人生之道》

揭穿別人的虛偽，是何其痛快的事；

而發現自己隱藏在某處的虛偽且拆穿它，

更是十分痛快的事。

何不盡己所能，多為自己尋找這份樂趣？

　　——一九一〇年《人生之道》

所有人類在生活上的要事，

是為了成為更善良、更堂堂正正的人而努力。
但是，如果你認為自己已經是個堂堂正正的人，
那你如何才能成為更堂堂正正的人呢？

——一九一〇年《人生之道》

完成道德的事業，

才不致因滿足於自己的成就，

阻擾了自己的進步。

幸運的是，在力爭上游途中，

我們對自己的滿足常常是在眼睛看不到的地方出現。

所以，要經歷很長的時間，

我們才能看到令人滿意的成果。

如果我們認為自己已有進步，

那是我們根本不會再進步，

或是正在退步的一種徵兆。

——一九一〇年《人生之道》

· 托爾斯泰與夫人（1908年）

第十節

疾病與痛苦

任何人只要稍微思考一下，就會知道，
自己的快樂全是從別人的痛苦那兒買來的，
而自己的痛苦全是因為自己的快樂不夠完整的緣故。
快樂和痛苦彼此共生，缺一不可。
沒有痛苦，也就感覺不出快樂。
——一八八七年《人生論》

受到痛苦折磨而忍受不住的人，
將自己的生活與世界遠遠地隔離。
為了拿因自己的錯誤而造成的痛苦向世界質疑，
他不但否認了自己的過錯，也不認為自己有罪；
而對於他認為是世界的過錯所製造並加諸他的痛苦，
只會一味地反抗。
——一八八七年《人生論》

痛苦的增大有其限度，
而縮小痛苦的感覺，卻是沒有限度的。
——一八八七年《人生論》

對受苦的人付出直接的愛，
並幫助他們根絕痛苦之源——
普遍而言，都來自人心的迷妄。
這是人類不可違背的義務，
也是構成人類生存，給予人類幸福的唯一可喜的事業。
——一八八七年《人生論》

．攝於1896年

肉體的痛苦，

是人類的生活以及幸福所不可欠缺的條件。

——一八八七年《人生論》

動物以及身為動物之一的人類，

他們的生活是永不中斷的痛苦之連鎖，

他們的所有活動全都只因痛苦而起。

痛苦，是一種病的感覺，

一種在思考如何除去這種病，

以及想要製造快樂之時的感覺。

動物和人類的生存，

不僅遭到痛苦的破壞，

還靠痛苦完成。

痛苦推動著生命前進，

所以痛苦是不可避免也不可欠缺的。

——一八八七年《人生論》

阻礙人類去實行義務的並非疾病。

如果你沒有辦法用勞動奉獻自己，

那你就奉獻出你的智慧，

教人們如何以笑面對人生吧！

——一九一〇年《人生之道》

第十一節

男與女

女人對男人的事業來說，
是個很大的絆腳石。
如果你既想要愛一個女人，
又想成就什麼事業，
那實在很困難。
有一個方法既可以除掉這層障礙，
又可以讓你去愛一個女人，
那就是——結婚。
——一八七七年《安娜・卡列尼娜》

女人比男人更看重物質。
男人會因為愛而創造偉大的事業，
而女人常常是非常現實的。
——一八七七年《安娜・卡列尼娜》

想盡辦法節育，

或費盡心思用她們的頭髮、

肩頭迷惑男人的女人，

不是能夠支配男人的女人。

她們是為男人而墮落的女子；

她們會墮落到去違背常理，

而且遺失生存的所有理性意義，

如同墮落的男子一般。

——一八八六年《那麼，我們應該怎麼辦？》

· 攝於1909年

所有女性問題，

只出現在違背真實的勞動規則的男性之間。

——一八八六年《那麼，我們應該怎麼辦？》

一個女人如果費盡功夫節育，

卻不節制性交，

不管她如何裝飾自己，

自稱為何許人，

如何優雅動人，

這樣的女人全都是賣笑的女子。

——一八八六年《那麼，我們應該怎麼辦？》

就算她是個極其墮落的女子，

如果她心甘情願將自己奉獻於養兒育女，

她就是實行了神的意志，

並創造了人生中至高崇善的偉大事業，

世界上再也沒有比她更崇高的人。

——一八八六年《那麼，我們應該怎麼辦？》

男女之間的愛情達到最高潮的一瞬間，

也就是意識、理性甚至官能上的反應

也在同時消失的一瞬間，

是很尋常的一種情況。

——一八九九年《復活》

第十二節

結婚

經營誠實的婚姻生活是一件可喜的事，

但更可喜的事是：不要結婚。

幾乎沒有人能這樣做。

但是，能這樣做的人是何等幸福！

——一九一〇年《人生之道》

基督徒的理想在於對神和對鄰人的愛，

進而為神和鄰人奉獻自己。

戀愛或者婚姻，

是對自己的奉獻，

卻阻礙了自己對神和鄰人的奉獻。

所以，從基督徒的立場看，

婚姻是一種墮落，也是一種罪。

——一八九〇年《克羅采奏鳴曲》

在結婚之前，

要好好地考慮十遍、二十遍，甚至一百遍。
用性來結合自己與另一個人的人生，是非常嚴重的一件事。
——一九一〇年《人生之道》

結婚絕不是一件必要的事。

即使有人給你忠告，

但是，在你可以告訴自己想做的事都實現了之前，

或是在你對你所選擇的對象熱情減退之前，

也就是在你完全徹底看清你的對象之前，

絕不要做出結婚的打算，

否則你可能會嘗到無法挽回的嚴重失敗的滋味。

只要一結婚，你就會成為一個一無是處的老人，

要不然就是你所擁有的高尚美質會一個個消失無蹤，

全部消耗在一些無聊的事物上。

——一八六九年《戰爭與和平》

不結婚也能過活的人結婚了，

就像一個沒絆到任何東西也會跌倒的人一樣。

絆到東西而跌倒是沒辦法的事，

但怎麼會有人莫名其妙就跌倒呢？

如果能夠保持童貞、不犯罪的生活，

那麼，最好不要結婚。

——一九一〇年《人生之道》

第十三節

性愛

特地為結育而下功夫，

不是什麼好事。

養兒育女的辛勞是為了贖戀愛的罪，

節育的人便是在逃避此種刑罰，

且節育的行為就如同違背人類良心的殺人行為一般。

在妊娠期或哺乳期的性行為也不是好事，

因為這樣做會磨損女性的體力與精神。

——一八九○年《克羅采奏鳴曲》

未曾墮落的人，厭惡並恥於思考論及有關性的種種。

要珍惜這樣的感覺與心情。

這種感覺與心情能夠深植於心，

並非毫無理由。

這樣的感覺與心情能幫助人保持童貞，

並免於犯淫亂之罪。

——一九一○年《人生之道》

對神和鄰人的靈魂之愛，

與男女之間的肉體之愛不相同。

這兩種感情之間毫無共同之處。

前者，亦即對神和鄰人的靈魂之愛，

是神的聲音；

後者，亦即男女之間的戀愛，

是動物的呼聲。

——一九一〇年《人生之道》

和配偶以外的人發生的性關係是否會危害身體？

這樣的問題就如同——

生喝別人的血，對身體的健康是否有害？

——一九一〇年《人生之道》

保持童貞是違反人性的。

這樣的說法是錯誤的。

保持童貞並非不可能的事，

而且它能夠帶來比幸福的婚姻更幸福幾倍的人生。

——一九一〇年《人生之道》

飛蛾撲火，

是因為蛾不知道火將燒到它的翅膀。

魚會上鉤，是因為魚不知道美味的餌將會引領它步入滅亡，

仍心甘情願地沈迷於肉慾之中。

——一九一〇年《人生之道》

戰勝肉慾的唯一方法是自覺靈魂的存在。

人們只有在思考自己為何物之時，

才能理解性慾的實體是低級的獸性本能。

——一九一〇年《人生之道》

抵抗性慾，是一場極其困難的戰鬥。

除了從性慾中解放出來的幼兒和老年人，

不論境遇、年齡，誰都無法避免這種戰鬥。

所以，成年人及未步入老化的人，

不論男女，不可不隨時防禦這個伺機進攻的敵人。

——一九一〇年《人生之道》

‧攝於書齋（1908年）

家庭

夫婦之間必得有徹底的不和，
或是同心一致的愛情，
才能在家庭生活中掀起一點波瀾。
夫婦之間的關係若是曖昧不清，
在任何情況下，都能發生一些事。
有許多家庭，丈夫和妻子都日復一日、
年復一年地過著令人厭煩的生活，
那只不過是因為在他們夫婦之間，
既沒有徹底的不和，
也沒有同心一致的愛情。
　　——一八七七年《安娜‧卡列尼娜》

每個幸福的家庭都有著很相似的幸福。
每一個不幸的家庭也都各自背負著不同的不幸。
　　——一八七七年《安娜‧卡列尼娜》

第十五節

道德

宗教是人類在自己的人格與無限的宇宙

（或宇宙的根本）之間建立起來的特定關係。

道德則是從這個關係中衍生出來的不斷絕的生活指針。

——一八九四年《宗教與道德》

斷離宗教而想建立道德的嘗試，

就如同打算移植喜愛的花草，

卻認為根無用且礙眼，而把根摘掉的幼童的作為一樣。

沒有宗教為基礎，不可能會有毫無虛假的真實道德。

這就如同世上不可能會有無根的植物一樣。

——一八九四年《宗教與道德》

如果我把在地質學、天文學、歷史學、物理學、數學等
領域所知的東西告訴一個在這些方面一無所知的人，
由於他得到了全新的知識，
因而絕不會這樣說：「這有什麼新鮮！
不是所有的人都知道嗎？我老早就知道了！」
但是，如果你要訴說的是有關道德上最高尚的真理，
那麼你最好試著用彷彿未曾有人表現過的、
極其簡潔易懂的方式表達出來。
大部分人，特別是不關心道德問題，
或是在聽了你有關道德真理的闡述之後產生不快的人，
一定會說：「誰不知道你所說的？
這不就是人們經常耳提面命的事嗎？」
他們認為這些全是陳腔濫調。
只有重視、尊敬道德真理的人才會了解道德的真理，
才會使道德的真理化為簡單明瞭的道理——
亦即從冷漠茫然中意識到的希望和想像，
以及從捕風捉影的漠然表現中
轉移到積極要求某種適當作為的明確表現。
這是極其寶貴的作為。
他們知道，必須經歷長久的辛勞與痛苦，
才能達到這個目標。
我們習慣於把道德上的教誨想成非常迂腐無聊的東西，
認為這當中不可能有新鮮有趣的事物。

只有完成內在的道德，

才能改善個人與社會的生活——這是人類生活的法則。

——一九〇二年《宗教及其本質是什麼？》

但是，在被人們認為與道德

似乎沒什麼關係的各種重要活動當中，

包括政治、科學、藝術、商業的活動等，

人類生活的全部，

漸漸地在發揚光大道德的真理，

並漸漸地化道德的真理為簡單明確的道理。

除此之外，人類未抱有任何目標。

——一八八六年《那麼，我們應該怎麼辦？》

· 攝於1906年

從外表看，人類從事的是商業、締結條約、

戰爭、科學、藝術等事業。

事實上，人類重要且正面經營的事業只有一個，

亦即探明人類賴以為生的支柱──道德的法則。

道德的法則早已具備，

只待人們去探索、解明。

不需要道德之法則的人，

認為去探索解明道德之法則的做法既無聊且毫無價值。

但是，去探索解明道德之法則，

是全人類重要且唯一的事業。

這個重要性就好比區分刀子的好用與不好用一般，

很難分辨，因為每把刀子看起來都一樣。

對於不用刀子的人來說，

刀子好用與不好用，

幾乎沒有差別。

但是，對於那些刀子的好壞會影響其生活的人來說，

刀子的好壞與否就關係重大。

這樣的人，只有在刀子鋒利好用的時候，

亦即在刀子派得上用場的時候，

才會了解維持刀刃的鋒利，

必須花上無止盡的功夫。

　　──一八八六年《那麼，我們應該怎麼辦？》

第十六節

真理

真實最確實的特徵是簡單明瞭。

虛偽通常很複雜、棘手，而且饒舌。

——一九一〇年《人生之道》

· 攝於75歲生日（1903年）

一個人在真實面前感到恐懼，

面對真理卻否定真理，

並認為真理是虛偽的，

那麼，他絕對無法認清自己該做什麼事。

——一八八六年《那麼，我們應該怎麼辦？》

在議論的最高潮，

人忘記了真理。

真正聰明的人會中止議論。

——一九一〇年《人生之道》

‧托爾斯泰與孫女、孫子（1909年）

第十七節

苦惱

沒有苦惱，

便收不到精神的果實。

——一八八六年《那麼，我們應該怎麼辦？》

· 攝於1907年

假設一個人必得勞動精神來服務別人，
那他在完成這個使命的過程中可能會吃許多苦。
因為，精神世界是經過苦惱的陣痛，
才誕生於世的。
——一八八六年《那麼，我們應該怎麼辦？》

自我犧牲與苦惱是思想家或藝術家的使命，
因為他們的目標都是造福群眾。
——一八八六年《那麼，我們應該怎麼辦？》

‧攝於1903年

第十八節

善

行善有其原因，

那便是不善。

行善有其結果，

亦即有其報酬，

那也不是善。

真正的善，

把原因與結果阻絕於門外。

——一八七七年《安娜·卡列尼娜》

不自我約束，

不可能會有善的生活。

沒有自我約束，

無法想像任何形式的善的生活。

要達到善的生活，

完全得靠自我約束才行。

——一八九一年《最初的階段》

成為善人以及營造善的生活，

只在於施多於受。

——一八九一年《最初的階段》

每當有人問我：「要如何服務別人？」

我都會回答：「對人行善，不是捐錢給人，而是行善。」

行善，通常被認為是捐錢。但是，在我的心目中，

行善和捐錢不僅完全不同，且幾乎全然相反。

金錢本身就是一種罪惡，捐錢就如同行惡。

把捐錢當作行善的錯誤想法，或許在人們行善之時，

可以讓人們逃離擁有金錢的罪惡感。

然而，捐錢的舉動只能稍微讓人減少一點罪惡感。

真正的行善，是為人做好事。

為了了解對別人來說，什麼是好事，

我們必須在人與人之間建立親密的關係。

所以，行善不需要金錢。最重要的是，我們要有勇氣，

暫時拋開生活上沒有意義的一些習慣。

不要老是擔心衣服和鞋子會不會弄髒，

不要害怕蟑螂或蝨子之類的小蟲子，

也不要懼怕傷寒、白喉或天花。

我們要做的是親近衣著襤褸的人，

坐在他們的床邊，與他們閒話家常，

讓他們感覺到我們一點都不裝模作樣，一點也不驕傲，

而且尊重他們、敬愛他們。

我們必得在為達到這個目標而捨棄自我的過程中，

探索人生的意義。

——一八八二年《關於莫斯科市的人口普查》

第十九節

惡

眾人（當事人也不例外）所公認的罪行，

如偷竊、強盜、殺人、詐欺等，

是行不當之事的人最好的範本，

也有使人遠離罪惡的警惕功用。

像是地主、商人、廠長或當代政府的所有公僕，

他們以假借宗教或科學之名的自由主義塑造歪理，

使他們的所做所為正當化，

事實上，卻做一些與竊盜、搶奪、

私刑、殺人等無異的作為。

更甚者，還誘惑他人學習他們的作為。

亦即不只對直接受其迫害的人做惡，

更使人墮落到善惡不分的罪惡深淵。

——一八九三年《上帝的天國在你心中》

你最好能認識每一種惡事。

做惡的人經常費心思於托辭辯解，

老是以「為了鄰人的幸福」為藉口而做惡。

要是有人和別人爭吵，侮辱別人，

卻說這全是為了某人的幸福而做，

這時，他的意圖就值得商榷了。

或許你可以從觀察中了解，

他這麼做，只不過是為了自己的欲望罷了。

——一八八〇年《教條神學批判》

．托爾斯泰與農民（1909年）

隨著時代而繁衍的所有罪惡當中，

最主要的罪惡之一是——對過去的信仰。

——一八五六年《日記》

不認識真理而做惡的人，

雖然引起別人對受害者的同情心與對他所做壞事的嫌惡，

但他只對受害者做壞事而已。

然而，通曉真理卻做惡的人，

以其偽善的外表欺蒙人，

這不僅對他自己，也對受害者，

更對無數被他為掩飾罪惡

而做出的虛偽表情欺騙的人做了壞事。

——一八九三年《上帝的天國在你心中》

我們所認為的壞事，

大部分是我們尚未認識的善事。

——一九一〇年《人生之道》

第二十節

慈善

有人向你借火，

如果你有火柴，

你必須為他劃亮火柴。

有人要你施捨三戈比、二十戈比或幾盧布，

如果你有那些錢，

你必須照做。

這是一種禮貌，

絕不是慈善。

——一八八六年《那麼，我們應該怎麼辦？》

富有的慈善家沒有注意到，

他們施捨給窮人的東西，

往往是從更貧窮的人手中壓榨來的。

——一九一〇年《人生之道》

只有從自己的身體上取下東西贈予別人，

才是真正的慈善。

只有這時候，

接受贈予的人才能同時收到精神上的給予。

如果給予別人的並非自己所犧牲的東西，

只不過是自己所剩餘不要的東西，

這麼做，只會使受者感到憤慨。

——一九一〇年《人生之道》

·攝於80歲生日（1908年）

第二十一節

勞動

這個世界的人，

被神或自然放在一個不得不汲汲於趕走貧乏的環境裡。

如同坐在糧食少又積水的船裡一般，

每個人都要不停地汲出船底的水（亦即貧乏），

以保護存量極少的糧食。

如果我們當中有一個人停止這樣的勞動，

他不但奪取了別人勞動的成果，

也危害到大家的共同事業。

這不僅是他自身的毀滅，

也是我們的損失。

——一八八六年《那麼，我們應該怎麼辦？》

認為只有勞動的人生事業才可喜的人，

不可能會去要求別人勞動，

以減輕自己的負擔。

——一八八六年《那麼，我們應該怎麼辦？》

惡魔有各式各樣引人上鉤的釣餌。

但是，對於懶惰的人，根本不需要什麼釣餌。

即使看到沒有餌的釣鉤，他也會自動上鉤。

——一九一○年《人生之道》

身體的勞動並非和知性的活動毫無關聯。

藉著身體的勞動，

不但能提高知性活動的質，

更能鼓舞知性活動更上一層樓。

——一八八六年《那麼，我們應該怎麼辦？》

一個人如果能靠勞動充實自己的生活，

那麼各種美麗的衣裳、房屋、家具，

豪華的飲食、馬車、馬、娛樂等對他來說，

都變成不必要的了。

——一八八六年《那麼，我們應該怎麼辦？》

・攝於1908年

不管是如何骯髒的勞動，

去做的人都不該感到羞恥。

人該感到羞愧的，只有無所事事的生活。

——一九一〇年《人生之道》

神若不賜給人一日，

也不會賜給人力量。

所以，每一日的每一份力量，

世人都將之奉獻給勞動，

而報酬也就在勞動之中。

——一八七七年《安娜・卡列尼娜》

實業家為了補償因利用別人的勞力

而加諸別人身上的苦難，

他們盡其所能，

不斷地斂取財富，

不斷地為剝奪別人的勞力而努力。

——一八八六年《那麼，我們應該怎麼辦？》

自己能力範圍之內的事，

不要去委託別人。

如果每個人都能把自家門前打掃乾淨，

整條街道看起來不就漂亮多了嗎？

——一九一〇年《人生之道》

惡魔喜歡群聚在有閒階級的腦髓裡。

——一九一〇年《人生之道》

人不能讓別人為自己勞動，

多於自己為別人服務。

但是，勞動的多寡無從衡量。

而且，在體弱或生病之時，

難免要麻煩別人。

所以，在有力量之時，

要盡可能為別人服務，

盡可能不要麻煩別人。

切記！

——一九一〇年《人生之道》

我們應依別人的作為尊敬他，

而非依他的身分或財富。

所做的事對人越有益，

越值得尊敬。

可是，我們這個世界剛好相反。

人們尊敬只會吃喝玩樂的有錢人，

卻不尊敬對所有人類做出極大貢獻的農民與工人。

——一九一〇年《人生之道》

有閒階級的工作

大抵是給勞動者新的勞動，
不是減輕他們的負擔。
——一九一〇年《人生之道》

只靠別人的勞動生活，

自己一點也不勞動的有錢人，

奪走別人的勞動而自己卻不勞動的人，

不管他們如何稱呼自己，都是強盜。

像這樣的強盜有三種：

第一種是不知道自己的強盜作為，也不在意這種作為，

並在自己的兄弟中旁若無人地做這種勾當的人；

第二種是明知自己的作為是錯誤的，

仍然以其軍人或公務員的身分，

或者以教育他人、著書、出版等，

使自己的強盜行為正當化的人；

第三種是了解自己的罪惡，

並努力脫離這種罪惡的人。

可喜的是，

第三種人正逐漸增加當中。

——一九一〇年《人生之道》

終日玩樂的富人熱衷於用奢豪的生活欺蒙世人的眼睛。

因為他們知道自己是該受人輕視的，

也感覺得到別人輕蔑的眼光。

——一九一〇年《人生之道》

第二十二節

富有

勞動階級經常想要變成依靠別人的勞動生活的富裕階級。

他們說，這樣才能加入上流人的生活。

但是，應該說，

這是上流人淪落成次等人類的現象才對吧？

——一九一○年《人生之道》

人總想逃離貧乏，為追求財富而努力。

但是，貧窮與困乏會給人不屈不撓的精神與力量。

相反地，過剩和奢侈會引導人走向虛弱與破滅。

貧乏的人捨棄對身體和精神有益的困厄，

追求對身體和精神有害的富裕，

這種舉動不僅浪費，而且無用。

——一九一○年《人生之道》

富人的滿足是從窮人的淚水中得來的。

——一九一〇年《人生之道》

有錢人沒有一刻可以得到安寧，

他們一邊為金錢擔心，

一邊不斷地為增加財富而勞心地工作。

有錢人生活很無趣，

因為他們只和少數與自己一樣有錢的人交朋友，

所以生活極其無聊。

有錢人不會去親近貧窮的人，

因為他們一旦接近貧窮的人，

便會清楚地體會到自己的罪惡，並感到羞恥。

——一九一〇年《人生之道》

· 攝於1907年

人類一直在追求財富。

要是一個人知道財富可能會使他失去幸福，
或許他會以和追求財富時一樣的熱情，致力於遠離財富吧？
——一九一〇年《人生之道》

富有是罪孽深重、骯髒下流之物。

尤其是靠土地私有而發財，

沒有比這更罪惡、更下流的財富。

所謂的土地所有「權」，

全都是從全世界一半人口手中奪來，

被某一部分人據為己有的合法正當的繼承財產。

——一九一〇年《人生之道》

有錢人的自滿並非良舉，

窮人的嫉妒則更加惡劣。

指責有錢人，

對比自己更貧窮的人來說，

與有錢人的作為一樣。

而這種人實在不少。

——一九一〇年《人生之道》

擁有比足以養家的土地還大了許多的土地，

豈只是使勞動者淪落至貧窮、

災禍甚至墮落的幫凶而已，

應該說是主凶才對。

——一九一〇年《人生之道》

如果說貧窮的人很悲慘，

富有的人則是雙倍悲慘。

——一九一〇年《人生之道》

人類靠三種辦法養活自己：

一種是當強盜，

一種是接受別人施捨，

另一種是工作。

靠工作與他人施捨過活的人，

很容易分辨。

而靠當強盜維持生計的人，

卻無法馬上看出來，

因為強盜有兩種：

一種是靠暴力強搶別人的財物或偷竊，

亦即單純的強盜。

誰都可以認清這種強盜，

而他們本身也知道自己是強盜或竊賊。

這種人會被逮捕，也會遭到刑罰。

另一種強盜則是不認為自己是強盜，

不會被逮捕，更不會遭到刑罰，

並用政府所允許的方法搾取勞動者，

強奪他們勞動的成果。

——一九一〇年《人生之道》

在一個人不相信財富會帶來幸福之時，

他終究會領會到這個簡單的真理——
為追求財富、維持財富所下的功夫，
不僅危害到別人的生活，亦無助於自己的生活。
——一九一〇年《人生之道》

最惡劣的強盜並非偷取自己所需之東西的人，
而是把自己不需要的東西緊緊地握在手中，
死也不放給需要者的人。
比如有錢人平日的作為。
——一九一〇年《人生之道》

沒有必要尊敬，更不要羨慕富有的人，
卻要遠離他們的生活，並哀憐他們。
富有的人不可誇耀自己的財富，
應該為自己的財富感到羞愧。
——一九一〇年《人生之道》

富有的人逃避維持人類生存的勞動。
他們的生活帶有一點瘋狂。
所有不履行人類的生存法則之人
都免不了會帶一點瘋狂的氣息。
這種人有著和過度飽食的家畜，
如馬、狗、豬一樣的習性。
他們會不知其所以然地亂跳、糾纏在一起，
茫無目標地到處奔走。
——一九一〇年《人生之道》

人依靠自己的判斷力，
時常犯一個極大的錯誤，
即認為自己所喜歡的東西都是好的。
人喜歡富裕，因而在其內心當中，
明明認為財富不是好東西，
卻硬要強迫自己把富裕想成是好東西。
——一九一〇年《人生之道》

有兩個方法可以讓人逃離貧乏的痛苦。
一種是增加自己的財富，
另一種是讓自己習慣於滿足一點點東西。
財富的增加，靠的通常是不正當的手段，
而且不一定行得通。
而縮小自己的欲望非但行得通，
還是與心靈交會的一種美事。
——一九一〇年《人生之道》

第二十三節

平等

對於人類之間的不平等要負最大責任的，

不是自命高人一等的人，

而是自嘆不如人的人。

——一九一○年《人生之道》

・攝於1868年

人類生命的基礎，

在於內心屬於神的靈魂。
神的靈魂在所有人類心中都相同。
因此，所有人類彼此之間都是平等的。
——一九一○年《人生之道》

在見到初生的嬰兒與死者之時，
不管我們如何將嬰兒與死者定位，
都會興起一種同樣的特殊之感性。
這表示我們都有與生俱來的意識，
那就是——人人平等。
——一九一○年《人生之道》

·拉斐爾　阿爾巴的聖母

平等，

就是承認世上的每個人都有利用大自然之恩惠、享受公共財富，
以及擁有個人人格被尊重的權利。

——一九一〇年《人生之道》

人與人之間存在著可能永遠不會消失的差異，

所以有的人強、有的人弱，

有的人聰明、有的人愚笨。

正因為某些人比另一些人強或聰明，

因此，正如李希頓貝爾克所說，（譯注：德國物理學家、

作家、評論家。一七四二～一七九九年）

人類的權利之中，特別需要平等。

如果連權利都和智能或力量一樣，沒有辦法人人平等，

那麼，強者欺壓弱者的程度可能會越發嚴重。

——一九一〇年《人生之道》

所有人類，不管面對的是奧地利人、

塞爾維亞人、土耳其人，還是中國人，

大家都是平等的人。

也就是說，我們活著，

絕不是為了保衛或摧毀塞爾維亞、

土耳其、中國或俄羅斯，

而是為了在有限的歲月中好好地當一個「人」，

一個理性、充滿愛的「存在」。

所以，人類的使命，很明顯地只有一個，

那就是——愛所有的人。

——一九一〇年《人生之道》

第二十四節

自由

以惡制惡，是除了增添惡事之外，
其它什麼也得不到的愚不可及之舉。
不僅只有基督教如此勸誡人。
不以暴力制惡，不與暴力對抗，
對所有暴力持之以恆地抱著忍耐，
這才是得到人類最基本之自由的唯一方法——
基督教曾如此訓示過世人。
——一九〇五年《生命終曲》

人為了能在一個人或極少的人背後跟著跑，
一個勁兒用繩子把自己縛起來，
然後將繩子的一端交給隨便哪個人。
於是，他將很驚訝地發現，
他已失去了自由。
——一九一〇年《人生之道》

想要擁有自由，
就要適應無欲的自我。
——一九一○年《人生之道》

不受任何事物拘束的自由，

以及不受他人的意志左右的自主生活，

對人類來說，是最珍貴的事。

唯有靈性的生活，才能達到自由與自主。

為了能過靈性的生活，

不能不壓制肉體的欲望。

——一九一○年《人生之道》

沒有自由的人，只能讓人聯想到失去生命的人。

——一八六九年《戰爭與和平》

．下西洋棋（1907年）

第二十五節

欲望

為了能夠堂堂正正地生活，人不能沒有理性。
因此，人最需要保重的就是理性。
但是，為什麼就是有某些人用菸草、
伏特加、鴉片等毀滅自己的理性，
從中尋求快樂？因為這些人不想過好的生活，
所以他們的理性指導他們——
只有毀滅理性，才能如願以償。
——一九一〇年《人生之道》

放任肉慾，必導致靈魂的乾涸。
——一九一〇年《人生之道》

欲望越小，人生就越幸福——
這是無法讓每個人都認同的古老真理。
——一九一〇年《人生之道》

如果你想平和自由地過活，
那就遠離那些並非缺之不可的東西吧！
——一九一〇年《人生之道》

因吃太多美食或缺乏勞動
而病死的人遠比餓死的人來得多。
——一九一〇年《人生之道》

・攝於1885年

穿上合身的衣服，

不如穿上合良心的衣服。

——一九一〇年《人生之道》

我們不是為了吃而活，

是為了活下去，才不得不吃。

——一九一〇年《人生之道》

一個人若擁有太多不必要的東西，

就會令許多其他人為一些必需品而傷腦筋。

——一九一〇年《人生之道》

每個人都有不一樣的習慣。

但是，為什麼抽菸和喝酒是大家共同的習慣？

連有錢人和窮人都相同。

這是因為——大多數人對自己的生活都感到不滿。

人之所以對自己的生活感到不滿，

是因為所有的人都在追求肉體上的快樂。

肉體是永遠無法感到滿足的。

因為這種不滿，不管窮人或有錢人，

大家都打算藉由抽菸和飲酒，忘卻自己。

——一九一〇年《人生之道》

第二十六節

憎恨

令人感到可怕的，

既不是搶劫，

也不是殺人或死刑。

搶劫是什麼？

只不過是某個人與另外的人之間財物的轉移罷了，

以前曾發生過很多次，

將來也還會再發生，

所以根本不值得害怕。

這只是人類生活中永遠不會改變的事實，

哪有什麼可怕？

可怕的不是搶劫或殺人，

而是人與人之間相互產生的憎恨。

只有人類的憎恨之念，

才令人覺得可怕。

——一九一〇年《人生之道》

你說你的周圍沒有一個好人……

如果你真的這麼認為，
就證明你也不是個好人。

——一九一〇年《人生之道》

只要一感覺到肉體上的痛苦，
就可以知道哪裡出了差錯——
可能是做了不該做的事，
或是該做的事沒有做。
在精神生活中也一樣。
若是感到憂鬱或煩躁，
一定會思索哪裡出了問題——
也許是愛了不該愛的，
也許是沒有去愛必須愛的。

——一九一〇年《人生之道》

· 攝於1907年

人的自我評價越高，

越容易對別人心生憎惡之感。
人越謙虛，越會變得善良，憤怒也會越變越少。
——一九一〇年《人生之道》

曾經有某個人對你無禮，並惹你生氣，

事後你在心中深植了對他的敵意，

因此你每次想到他，內心便感到憤憤不平。

這全是因為守候在你心頭的惡魔，

趁著你憎恨煩躁的一瞬間，佔據了你的心，

並反客為主，支配你整個人。

將這個惡魔驅逐出境吧！小心，

不要讓惡魔尋機跳進你的心頭！

——一九一〇年《人生之道》

人們常喜歡挖掘別人的缺點，

以突顯自己的存在。

這也正暴露了人們自己的缺點。

人越是聰明、善良，越會發現別人的優點。

相反地，越愚蠢及心腸不好的人，

越容易看到別人的缺點。

——一九一〇年《人生之道》

為了不讓自己和某人在交往當中感到痛苦，

在感覺不到對他的愛時，最好就中止來往吧！

——一九一〇年《人生之道》

憎惡常常來自無能。

——一九一〇年《人生之道》

飽食終日，無所事事，
以及永遠無法滿足的肉慾，
本身就是罪惡；更惡劣的是，
從這些罪惡中滋長出來，
對他人的惡意與憎恨。
　　——一九一〇年《人生之道》

投石入深水，不會使水混濁。
人也一樣。
受到侮辱時立刻發怒的人不是河川，
只是一灘水罷了。
　　——一九一〇年《人生之道》

如果你覺得有點生氣，
在做什麼事或開口說話之前，
最好先數到十。
如果你感到非常憤怒，
那就數到一百。
如果你在每次生氣的時候都能想到這一點，
那就不需要數了。
　　——一九一〇年《人生之道》

第二十七節

傲慢

人對自己的長相或外表感到驕傲，是非常愚蠢的事；
而因自己的親友、祖先或階級、民族而表現傲慢的人，
更加愚不可及。
這世界的罪惡，大半是由這種傲慢產生出來。
人與人之間的仇視、家族與家族之間的爭執、
國與國之間的戰爭，
全都是因這種傲慢而起。
──一九一〇年《人生之道》

我們絕不可認為自己比別人聰明、善良、優秀。
因為，我們根本無法測量自己的智慧與美德，
更遑論去測量他人的智慧與美德。
──一九一〇年《人生之道》

誰都知道，認為自己比別人優秀是愚蠢的。

認為自己的家庭比其他家庭優秀的想法更加愚蠢。

但是，人往往不曉得這個道理，

還認為這是一種特殊的美德。

民族的優越感更是世上最愚蠢的事。

但是，人往往不認清這個道理，

反而推崇這種民族優越感，

認為這是一種偉大的美德。

——一九一〇年《人生之道》

‧托爾斯泰和小學生（1907年）

自我滿足的人，

其實只擁有一點點值得滿足的東西。

——一九一〇年《人生之道》

高傲的人不只認為自己比別人優秀，

還認為自己的民族比其他民族優秀。

比如俄羅斯人認為俄羅斯民族最優秀、

波蘭人認為波蘭人最優秀、猶太人認為猶太人最優秀。

如果說個人的傲慢對個人有害，

那麼，民族的傲慢更是加倍有害。

這種傲慢，曾使不只數百萬人走向毀滅。

今天正在重演這段歷史。

——一九一〇年《人生之道》

傲慢與意識到身為人的價值，

是完全不同的兩回事。

傲慢會隨著他人表面上的敬意與稱讚而增加。

相反地，

自我價值的意識會因表面上的侮辱與非難，

愈發堅強。

高傲的人會受到各種懲罰。

其中最嚴重的懲罰是：

不管他擁有什麼樣的優點，

不管他如何努力，

都無法讓人喜愛他。

——一九一〇年《人生之道》

人不能誇耀自己的成就，
因為不管自己成就了什麼事，
全都不是自己的作為，
而是住在人心中的神所完成。
——一九一〇年《人生之道》

我們都是神的工具。
我們了解自己該做什麼事，
卻無從得知為什麼做這些事。
注意到這一點的人，
不能不時常保持謙虛。
——一九一〇年《人生之道》

高傲者像是罩上一層冰霜，
任何一種好的感情都無法打破這層防衛。
——一九一〇年《人生之道》

第二十八節

罪惡

悔改，

是認清自己的罪過，

並做出與之對抗的準備。

在信念尚未衰弱之前，

盡早抓住悔改的機會。

為油燈添油，

必須趁火尚未熄滅之前。

——一九一○年《人生之道》

以為靠信仰或別人的寬恕就能贖罪的想法，

實在是一個極大的錯誤。

任何一件事都無法赦免人的罪惡。

除了認清自己所犯的錯，

並為避免重蹈覆轍而努力之外，

別無它途。

——一九一○年《人生之道》

不要畏懼罪惡。

絕不要對自己說：

我無法維持不犯錯、我已習慣於犯錯，

或是藉口自己很脆弱等等。

只要活著，就要不停地與罪惡對抗。

今天無法戰勝罪惡，就等待明天；

明天不行，再期待後天。

就算後天也沒有成功，

在你死去之前，

總會打敗罪惡的。

如果一開始就放棄與罪惡戰鬥，

無異於一開始就放棄了人生最重要的事業。

——一九一〇年《人生之道》

· 托爾斯泰和農民（1908年）

犯罪，

是人類的作為；
使自己的罪正當化，是惡魔的作為。
——一九〇六年《一日一言》

愛是無法強迫的。

但是，你不愛，

並非意味著你的心中沒有愛，

只不過是在你的心中，

有些東西妨礙你去愛罷了。

把瓶子顛倒搖晃幾下，

要是塞子緊緊地塞住瓶口，

除非把塞子拔掉，

不會有任何東西從瓶口流出。

愛也是如此。

即使在你心中充滿愛，

你的罪過若堵住了心靈的出口，

愛就根本無法表露出來。

把堆積在你心靈上的垃圾清掃乾淨吧！

這樣你才有可能去愛所有人類，

甚至你所憎惡的人。

——一九一〇年《人生之道》

告訴自己，

說自己已從罪惡中解放出來，

是真正可悲的人。

——一九一〇年《人生之道》

對人來說，

了解自己的罪惡是一件很令人不悅的事。

相反地，感覺到自己正一步步解脫罪惡，

是極大的喜悅。

如果沒有黑夜，人可能不會喜歡陽光；

如果世上沒有罪惡，

人可能無從得知正義令人可喜之處吧？

——一九一〇年《人生之道》

・珊得比　發狂的作家（局部）

第二十九節

時間

時間不存在。

有，也只是一瞬間。

我們生活的全部就在這一瞬間。

所以，在這一瞬間，

我們必得付出我們的全力。

——一九一〇年《人生之道》

我們常說：

時間在流失，這是不對的。

正在前進的是我們，不是時間。

我們在河上行舟之時，

常常以為是兩岸在動，

而不是船在動。

時間之於我們，也是如此。

——一九一〇年《人生之道》

世人認為，人類的生活就在時間──
過去和未來當中度過。
但是，這只是他們的想法罷了。
真正的生活不是在時間中度過，
而是踏在過去和未來的交叉處──
我們一直誤稱為「現在」的一點。
真實的人類生活僅僅存在於沒有時間的這一點，
只有在這一點上，人類才是自由的。
所以，只有在「現在」之中，
才有真正的人類生活。
──一九一○年《人生之道》

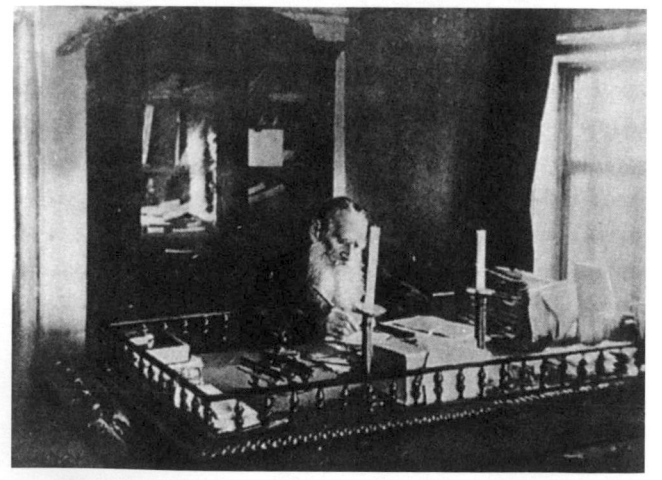

．攝於1898年

最好不要想明天的事。

所以，我們只好不停地想著，
如何讓今天此時此刻正在進行的工作做得更好、更完美。

——一九一〇年《人生之道》

如果今天能做一件好事，

絕不要延到明天。

因為，死，從來不會慮及你該做的事到底做完了沒？

死不會等待任何人、任何事物。

因此，對人來說，

世上最重要的事就是——目前正在進行的任何一件事。

——一九一〇年《人生之道》

根本不用去想未來的事。

現在，只要為自己和別人的快樂而努力，就足夠了。

「明天的事，就讓明天去煩惱吧！」

（譯注：《馬太福音》第六章・34）

——這真是偉大的真理。

未來該做什麼，我們無從了解。

所以，人生當中，到處都充滿驚喜。

有一件人們該做的事，

只有這件事永遠都不受時間限制，

那就是——在現在這一瞬間，愛所有人類。

——一九一〇年《人生之道》

「我現在的處境是──該做的事都沒辦法做。」

這是多麼大的一個錯誤！

作為我們生命之基礎的內在活動，

才有可能支配這種狀況。

即使你因為身陷囹圄或者疾病，

被奪走了所有的身體活動，

即使你遭到羞辱、迫害，

你的內心世界仍在你的支配之下。

就算你的腦子可以叫你去責備別人、

羨慕別人、憎恨別人，

但是，在你心中，你可以壓制這些感情。

所以，你的生機中的每一時刻都屬於你自己，

沒有人能從你身上將之奪走。

──一九一〇年《人生之道》

回憶往事與想像未來，

是為了在探索過去或未來之後，

使我們決定現在的行為時能夠比較正確，

而不是為了憂傷過去及為未來做準備。

──一九一〇年《人生之道》

我們若完全知道我們行為的後果，

那就可以知道這等行為毫不足取。

——一九一〇年《人生之道》

愛，是人生中最重要的一件事。

愛，過去已不可能，

也不可能存在於虛幻的未來。

愛，只有在現在這一瞬間才是活生生的。

——一九一〇年《人生之道》

Memento mori（拉丁語）意為：

「不要忘記死。」

這實在是一句意味深雋的話。

我們終究難逃一死。

如果我們不忘記死亡，

我們全部的生活大概會有很大的不同。

如果有個人知道他在三十分鐘後就要死去，

在這三十分鐘內，

他一定會做出一些無意義的傻事，

特別是做壞事。

但是，假設你和死亡之間隔了五十年的歲月，

在這五十年當中，

你會做和那三十分鐘所做的一樣的事嗎？

——一九一〇年《人生之道》

感覺到自己正在危害自己的健康，

以及煩惱如何恢復健康，

特別是因為現在身體不適，

所以等身體好了再做的想法等等，

都是引導人犯錯的大誘惑。

這不正意味著，

一個人不珍惜自己現在所擁有的，

卻一直覬覦得不到的東西？

我們可以對現在所擁有的感到喜悅，

也可以很容易地利用我們現在所擁有的力量。

　　——一九一〇年《人生之道》

時間只存在於我們之前及之後，

而不是在我們身邊。

人一旦只沈浸於過去和未來，

便會失去最重要的東西——現在的真實生活。

　　——一九一〇年《人生之道》

我們絕對無法知道我們行為的後果。

因為，我們行為的後果全是存在於無限時間之內的無限。

　　——一九一〇年《人生之道》

第三十節

行為

該做的事沒有做，
特別是做了不該做的事，
會讓人墮落。
所以，想過好生活的人，
一定要隨時警惕自己，
絕不做非分不當之事。
——一九一〇年《人生之道》

成功唯一的先決條件是「忍耐」。
許多事的最大障礙，
特別是以往曾造成的一些損失，
都是因為太急躁的緣故。
這一點不可不銘記於心。
——一八五一年《日記》

問：在慌忙之際，

做些什麼才好？

答：最好什麼都不做。

——一九一〇年《人生之道》

人類的行為分為兩種。

一種是根據自己的意志行事；

另一種是不在乎自己的意志。

——一八六六年《有關〈戰爭與和平〉》

人們只有在徹底了解什麼是自己沒有必要去做的事之後，

才能知道什麼是自己必須去做的事。

不做沒有必要做的事，

自然會去做該做的事。

即使自己不明白為什麼，也可能會去做。

——一九一〇年《人生之道》

・攝於1908年

有一些好事，

常常是在不經意中完成。
所以，越想努力做好事，反而會使事情更糟。

——一八五六年《兩個驃騎兵》

當你不知道如何做才好，

或是當你不知道應該做還是不要做的時候，

最好有個心理準備——

打消念頭比當真去做，結果通常更好。

若是你實在無法打消念頭，

或者確實知道這是一件好事，

你應該不會詢問自己做比較好或不做比較好吧？

當你如此追問自己的時候，

你一定知道原定的想法可以改變，

而且這件事不見得是好事。

如果你想做的那件事好得讓你挑不出毛病，

你應該不會那樣詢問自己吧？

——一九一〇年《人生之道》

人常常會以「工作太忙，沒有時間」為藉口，

傲然地拒絕一些純粹的娛樂。

雖然他們並不認為純粹地快樂、遊玩，

比一些平常的工作重要，

但忙碌的人用以拒絕娛樂的藉口，

卻是一些不做還比較好的工作。

——一九一〇年《人生之道》

意志消沈的時候，

要像照顧病人一樣對待自己。
而且，最重要的是：不要打算做任何事。
——一九一〇年《人生之道》

如果你不想做壞事，除了要訓練自己不去做壞事之外，
還要克制自己不說惡言。
最重要的是，要訓練自己不起壞的念頭。
不說惡言，是指當你興起嘲笑人的念頭時，
要馬上閉嘴，並掩起耳朵。
當你的腦海中出現惡念之時，就算對方真的很惡劣，
也不要管他是否真的該罵，你都要立刻將惡念驅逐，
並轉移你的注意力到其它事情上。
訓練自己口不出惡言、心不思惡念，才有可能與壞事絕緣。
——一九一〇年《人生之道》

越覺得狀況很難解決，越沒有付諸行動的必要。
因為，我們經常搞砸一些因我們行動的付出，
開始有些好轉的狀況。
——一九一〇年《人生之道》

因反悔而重做，比什麼都沒做更糟。
急躁匆忙的結果，比遲緩延岩的結果還不如人意。
良心的苛責，對沒做過的事，
總比對做過的事來得少。
——一九一〇年《人生之道》

PART 2

國家、暴力、金錢

第一節

國家

被稱作信仰的，

不過是對信仰所做的說明罷了；

而被稱為是社會和國家的生活者則是信仰本身。

以上兩者之間的對峙到了今天，

大多數文明人的生活只膽下對執法者的信仰而已。

——一八八四年《我的信仰是什麼？》

政治的特質是——它絕不會為所有的人帶來益處。

除此之外，政治活動也經常不得不介入暴力。

為了達到某些成果，

必須利用殺人、死刑、牢獄、強制徵稅等手段。

國家活動的成效並不被一般人所認同，

還遭一部分人所反對。

這個成效的特點是——

它經常是藉由暴力而發揮出來。

——一八八六年《那麼，我們應該怎麼辦？》

國家，

不只是為了搾取市民，
還特別是為了墮落市民而集結的團體。
——一八五七年《給波多金的信》

國家，只是一個虛構的存在。

實實在在的國家，

以前不曾存在，

現在也不存在。

真實存在的，

只有一個人以及其他人的生活而已。

——一九〇八年《論奧地利合併波斯尼亞‧黑契果米娜》

‧托爾斯泰與高爾基（1900年）

國家的任務是引導人民生活。

國家和國民約定，保障國民的生活，

維護社會的正義、平安與秩序，

並滿足一般人的精神和物質需求。

但是，為國家工作的執政者

卻脫離國人為生活而作戰的戰場。

他們不但得到利用別人勞動的可能性，

還得到如同獻身於教會的神職人士那樣的地位。

他們的目的是國家，而非人民。

那些執政者，上自國王，下至公務員，

不管是在羅馬、法國、義大利或俄國，

都可看到他們浸身於怠惰與放縱之中。

因而國民對國家失去了信賴，

無政府社會已成為大家心目中理想的社會。

　　——一八八六年《那麼，我們應該怎麼辦？》

對一國的國民來說，

國家會失去她所擁有的魅力，

完全是因為為政的人

自以為他們有利用國民之勞力的權利。

　　——一八八六年《那麼，我們應該怎麼辦？》

國民在社會上，

主要的不幸都是官府、無數官員所製造出來。
不只我們的國家是如此。
——一八八六年《那麼，我們應該怎麼辦？》

誰都知道，法律中充滿了私欲、欺瞞，
還有各個黨派鬥爭的產物。
法律當中沒有真正的公平，
也不可能會有真正的公平。
所以，現代人不相信遵守國法或民法，
真的能滿足人類理性的要求。
世人老早就知道，遵守其真實性可疑的法律，
是相當不合理的。
因而，在不得不遵守一些不合理又沒有必要的法律之時，
讓世人相當苦惱。
——一八九三年《上帝的天國在你心中》

只有跪在強者之前的人才會認為強者偉大。
只要他們站起來，與強者並立，他們就會發覺，
他們心目中的強者和自己並沒有什麼兩樣。
——一九一〇年《人生之道》

沒有強權，亦即沒有政府的生活，會是怎樣的一種情況？
答案只有一個，那就是：
政府所做的罪惡會消失得一乾二淨。
——一九〇八年《暴力的規則與愛的規則》

人會承認一種充滿暴力的權力，

並服從這種權力，

是因為他們擔心，

一旦這個權力消失了，

可能會有一些壞人仗著暴力欺凌好人。

但是，他們應該知道，

這種操心是沒有必要的。

因為，在這種權力當中，

原本就有相當多的壞人不斷仗著暴力，

合法地欺壓好人。

所以，如果這種權力消失了，

壞人對好人的態度也不太可能會更趨惡劣。

——一九一〇年《人生之道》

關於國家的虛假神話，

不僅把謊言當作真實，欺騙人，

更糟的是，還讓人以為，

用違反良心與上天之規範的行為，

亦即用搶奪貧窮的人、制裁別人、判人死刑、發動戰爭等

對待無辜的人，並不是壞事。

——一九一〇年《人生之道》

有些法律，

從一端破壞上帝為人類制定的規範。
我不想認同這種法律，
也不可能認同這種法律。

──一八九五年《這是恥辱》

皇帝、大臣或有錢人都深深地認為：
沒有國家，人就無法生存下去。
而且，他們自己也知道他們向別人傳播這種想法的原因。
但是，未從國家得到恩惠，
反而為國家受許多苦的窮人為什麼還會擁護國家？
那只不過是因為，
窮人相信一些關於國家的虛幻神話。

──一九一〇年《人生之道》

如果你想知道，
為什麼支配國民的人一定都殘忍背德，
其道德水準必定低於時人與社會的平均水準，
只要想想政府如何行使他們的權力即可。
有道德及絕不違背道德的人與帝位無緣，
當不了大臣，也無法參與立法，
更不可能成為決定全國人民命運的獨裁者。
有德的為政者與有節度的酒鬼、
溫柔的強盜、保持童真的妓女一樣，
是本質上相互矛盾的組合。

──一九一〇年《人生之道》

所有的政府，本質上都有一個特點，

即其最基本的力量是向人民要求而得來。

所以，接受國家支配的人民要一直不斷地壓抑自己。

因為，政府不但向人民要求行使暴力的權力，

還要求人民支持暴力。

——一九一〇年《人生之道》

人們總是說，

國家的組成是根據多數人的決定，

所以國家是公正的。

這是多麼大的錯誤。

國家的組成並非根據多數人的決定，

而是靠暴力。

即使真正是因為多數人的支持，

也不能說國家這個組織就是公正的。

在世界上，沒有一個人能支配大多數人的權力。

不僅如此，也沒有多數人可以支配一個人的權力。

——一九一〇年《人生之道》

在國內，

人人都談自由，

而國家的所有機構卻是建立在與任何一種自由都水火不容的暴力之上。

——一九一〇年《人生之道》

國家是因為某種原因而建立起來。

但是，那個時代老早就過去了。

國家，特別是現代的國家，毫無益處可言。

每一個擁有軍隊的現代國家，都令人聯想到，

在早已作古的女王散步時經常歇息的長凳子旁邊，

那個必須一直站立不動的衛兵。

——一九一〇年《人生之道》

「一百個人當中，一個人支配九十九個人，

這是專制政治；十個人支配九十個人，這叫寡頭政治。

如果是五十一個人支配四十九個人，

這才是真正的自由。」

——一九一〇年《人生之道》

人對於政府，

就如同對於教會一樣，

不是抱著虔敬之念，

便是抱著嫌惡之念。

——一九一〇年《人生之道》

國家所做的最大惡事

並不在於破壞人民的生活，
而在於消滅了愛，造成了人與人之間的分裂。
—— 一九一〇年《人生之道》

「因為……所以……把錢繳給政府吧！」

一個叫政府的東西這樣告訴我，

這個叫政府的又命令我：

「你要當兵，宣誓絕對服從政府的命令，

政府要你殺什麼人，你就得殺什麼人。」

我問：「政府是什麼？」

他們馬上回答：「政府就是政府。」

我又問：「那個政府到底是什麼？」

「政府就是人。」他們終於回答。

我再一次問他們：

「你所謂的人，到底是什麼？有什麼特別嗎？」

「不、不！是和大家依樣很普通的人。」他們如是回答。

「既然如此，我一定要服從那些人的命令嗎？

他們要我做好事的話還好，

但他們居然命令我去做壞事。

我不願參與這種事。」

如果世人還沒有因為國家的一些虛假的神話而昏頭轉向，

那就應該這樣子表白才對。

—— 一九一〇年《人生之道》

第二節

權力

歷史事件發生的原因在於權力。

何謂「權力」？

權力是轉移到一個人身上的民眾意志的總和。

那麼，民眾的意志是在怎樣的條件下轉移到一個人身上？

只有在個人能夠表現眾人的意志之時，

才可能發生意志的轉移。

權力就是權力。

換句話說，權力是我們不了解的一個字眼。

——一八六九年《戰爭與和平》

由經驗來看，

權力只不過是存在於個人意志的表現，

與依靠他人實行這個意志，

兩者之間的從屬關係罷了。

——一八六九年《戰爭與和平》

不管我是屬於壓迫人的富裕階級，

還是屬於被壓迫的勞動階級，

因不服從而遭受的損害筆因為服從而遭受的損害來得小；

因為不服從而收到的利益，

總是比因為從而收到的利益來得大。

——一八九三《上帝的天國在你心中》

· 攝於1892年

權力的基礎

建立在肉體的暴力之上。

——一八九三年《上帝的天國在你心中》

大權在握的人異口同聲地主張，

只有權力才能制止壞人對好人施加暴力。

根據這個主張，他們像是保護好人，

使好人免於受惡人欺壓的第一大善人一般。

但是，行使權力，就是使用暴力；

而使用暴力，不只被壓迫者，

連使用暴力壓迫別人的人

都可能被迫去做一些自己絕對不想做的事。

所以，行使權力，就是對別人做不願要求自己做的事，

也就是惡事。

服從就是選擇忍耐和捨棄暴力。

選擇忍耐而捨棄暴力，

意味著將會成為一個好人，或者說會成為一個

比把自己所不欲施於人的人來得好的人。

因而我們可以斷言——

平日行使權力，現在也握著權力的人，

與受權力控制的人比較起來，

大多不是好人，或是更惡劣的壞人。

服從權力的人當中或許也有壞人，

但好人對壞人行使權力，

簡直是不可能的事。

——一八九三《上帝的天國在你心中》

世人一向認為，竊賊、殺人魔、間諜或妓女等，

都理應不喜歡自己的職業，

而且當然對自己的職業感到羞恥。

事實上恰恰相反。

因自己的命運、罪惡或過失而處於某種環境的人，

概括地說，總是自認為，

不管自己的遭遇多麼詭譎多變，

自己眼下所處的環境絕對是堂堂正正的。

為了維持這種人生觀，

他很本能地和認同自己的想法和環境的伙伴

組織成一個共同的社會。

在他們的社會，

竊賊以他們的靈活、狡猾自感驕傲，

殺人魔以他們的殘忍感到自滿，

妓女則以他們的淫蕩大感得意。

了解這個情況之後，

世人一定會感到非常驚訝吧？

世人之所以會感到驚訝，

只不過是因為他們的社會規模非常小，

而人都生活在他們的社會之外。

看看他們小規模社會之外的地方，

富有的人因他們的財富，

亦即掠奪的舉動，

惡人經常對好人濫用權力與暴力。

——一八九三《上帝的天國在你心中》

表現出傲慢；支配者因他們的權勢，

亦即暴力，表現出驕傲……

這種情形不是和他們的小規模社會一樣嗎？

這些人為了使自己的立場正當化，

因而擁有不正確的人生觀與善惡觀。

我們之所以沒有發覺這一點，

是因為擁有這些不正確之觀念的人

生活在一個相當大的社會哩，

而我們自己也剛好是這個社會的一分子。

——一八九九年《復活》

得到權力之後，為了持續擁有權力，必須愛權力。

追求權力的欲望中沒有誠實，

只有一些和誠實相悖的性質，

如傲慢、狡猾、殘忍等。

沒有傲慢或輕視別人之心，

沒有偽善的外表或欺詐的伎倆，

沒有監獄或要塞，

沒有死刑或殺人等手段，

不足以製造權力，

更不足以保有權力。

——一八九三《上帝的天國在你心中》

在最低層的人當中，有一種因接受

以愛國主義與虛偽之宗教為基礎的教育而白癡化了；

另一種則眼中只有個人利益，

並且拋棄了自由與身為人類的驕傲，

只仰仗提供他們物質利益之人的鼻息而生活，

拋卻了自由與身為人類的驕傲。

再高一階層的人還是如此。

這個階層再一直往上堆，

便可看到圓錐形的頂點。

那兒有一個人，對他來說，

除了權勢的欲望與虛榮心之外，

再也別無所求。

他的所有活動僅有一個動機，

那就是權勢欲與虛榮心。

這種人多半恣意處理握在手中，

對人民的生殺大權，

又墮落再攀緣其權力之狐群狗黨的諂媚與屈從之中，

並同下階層的人一樣白癡化，

不斷行惡，卻堅信自己是在造福人群。

——一九〇〇《戒殺》

第三節

愛國心

現代人所稱的愛國心，

源於過去時代的悲慘傳說。

政府和支配階級讓人民覺得，

他們不但將權力，

還將自己的生活與愛國心結合起來，

並努力用他們的狡猾和暴力，

向國民推動、傳播愛國心。

只有如此，

他們才不會因其惰性而喪失支配之權。

現代的愛國心有如建物的鷹架，

是在蓋房子時缺之不可，

房子蓋好了卻嫌其累贅的東西。

但是，愛國心的存在對一部分人來說，

仍是恆久有利且不可缺少的東西。

——一八九四年《基督教與愛國心》

這是僅用語言表達，

都令人覺得可怕的事。

在愛國心之名下從未發生過的事當中，

絕對沒有人類之間的集團暴力事件。

──一八九四年《基督教與愛國心》

・攝於1909年

軍隊

《聖經》中的傳說紀載著：

人類的祖先亞當在追求伊甸園之前，

幸福的條件是不需勞動的生活，

也就是怠惰。

喜好怠惰的性情仍然殘留在追逐伊甸園的人身上，

這些人也同時受到所有詛咒的糾纏。

因為，人們只有在低下額頭上的汗水時，

才能得到食物，

這種勞動的精神使人們不能心平氣和地貪求怠惰。

如果一個人能夠認為，

他雖然貪求怠惰的生活，

但他還是個有用的人，

並且時時刻刻都能盡他自己的義務，

那麼他可能已經找到了原始幸福的其中一面。

有一種團體，

一直貪求這種毫無非難餘地的有義務之怠惰，

這種團體就是軍隊。

軍隊生活的最大魅力就是：

他只有在這種毫無非難餘地的

有義務之怠惰當中才有存在的可能。

這種道理，可能永遠都不會改變。

——一八六九年《戰爭與和平》

・攝於1907年

為了準備戰爭而從國民手中徵收稅金，

等於是將軍隊所要防衛的勞動產物中的大部分都投注於戰爭之上。

——一八九三年《上帝的天國在你心中》

軍隊對所有政府而言，為了使國民服從，

以及能夠利用國民的勞動力，

有其存在的必要。

但政府不是只有一個，

鄰國也有同樣的政府存在，

而且它們同樣使用暴力，利用自己的國民，

同時又覬覦著鄰近的國家，

伺機奪取早已被奴隸化的國國民的勞力。

因而各個政府都需要軍隊，

以利用自己的國民，

並防範鄰國的猛獸來奪取自己的獵物。

所以，各個國家都不得不競相增強自己的軍隊。

早在一百五十年前，孟德斯鳩就曾指謫過——

軍隊的強大會汙染整個世界。

（譯注：法國思想家、法律家。一六八九～一七五五年）

——一八九三年《上帝的天國在你心中》

政府以及支配平民階級的人認為軍隊是必要的，

其最大的理由是：為了維持政治體制。

而政府與支配階級不但不是基於國民的要求，

還是經常與國民正面對立的一個團體。

——一八九三年《上帝的天國在你心中》

權力經常是在軍隊的支配者手上。

從羅馬皇帝、俄國皇帝到德意志皇帝等，

所有掌權者最熱心在意的事通常就是軍隊。

所以，軍隊不停地壯大，

也就如孟德斯鳩在一百五十年前所說的一樣，

不停地在汙染整個世界。

一個人如果認為政府培養軍隊，

只是為了防禦外敵，

那他就是忘了政府之所以承認軍隊存在的必要，

最重要者是為了從被壓抑而成奴隸狀態的本國國民那邊

得到保衛自己——亦即政府自己的能力。

　　——一九一〇年《人生之道》

兵役義務對政府來說，

是支撐整個建築物所必要之暴力的最後階段；

而對國民來說，則是服從的可能性之最後極限。

也就是說，兵役義務是可以支撐一面牆，

也可以使整個建築物崩潰的拱型基石。

　　——一八九三年《上帝的天國在你心中》

第五節

教會

糾纏於彼此永遠相斥的善與惡之間的人生到底為何？

人要如何處理這個善惡之間的相斥？

要怎麼生存才好？

信仰的問題經常關乎善與惡，

以前如此，將來也可能不會改變。

然而，教會的教諭經常不回答你人生要怎麼過，

而是為你提出一個問題：

你為什麼是一個罪人？

並如此回答你：

你接續了亞當的罪，

（譯注：背判神而被逐出伊甸園的人類始祖）

在罪惡之中降生，

並一直生活在罪惡中，

而無法過純潔無邪的生活。

——一八八〇年《教條神學批判》

「你們每個人都充滿罪惡，沒有一個純潔的人，
連初生的嬰兒也不例外。
你們會邁向罪惡，不是因為你們的意志，而是遺傳。
人類無法自救。
得救之道只有一個——
虔誠地祈禱、參與聖禮，並祈求上帝恩賜。」
世界上還可能有比這更不道德的教條嗎？
——一八八〇年《教條神學批判》

・托爾斯泰與孫女（1909年）

教會在口頭上承認基督的教論，

在現實生活中卻一直正面否定它。

——一八八四年《我的信仰是什麼？》

以基督為基礎而發展的教會，

其教義所述的「基督教」若是完全不存在，

現在自稱為基督徒的人應該會更接近基督教的教誨，

亦即關於幸福之生活的合理教誨。

——一八八四年《我的信仰是什麼？》

教會的教義如今和基督教處於完全敵對的狀態。

教會的教義已脫離了基督教的精神，

並扭曲了基督教的教論，

甚至以其生活的全體否定基督教的教論。

也就是說，

他們非但不謙虛，而且自大，

奢豪而不樸素；

他們不責備人，

卻用暗喻隱諷苛刻地奚落人；

他們不原宥別人的侮辱，

而報以激烈的爭執；

他們不容忍罪惡，

反而以刑罰處置罪惡。

教會與基督教，

兩者相互否定。

——一八八〇年《教條神學批判》

如果世人可以靠贖罪、聖禮或祈禱，

拯救自己的靈魂，

那麼善行對他來說，

已經毫無用處。

　　——一八九三年《上帝的天國在你心中》

如果沒有教會，

將是怎樣的一種情況？

假設教會消失了，

耶穌的教諭可能就會以其原貌流傳於世。

耶穌的教諭並不是耶穌隨心所欲的希望。

事實上，耶穌所交給世人的，

是他本人的一舉一動。

也就是說，耶穌就是教諭。

要做好事！

人見到良善，

便會歌頌上帝。

只有這個教諭與世界同生。

只要世界不毀滅，

它就會永遠存在。

　　——一八八〇年《教條神學批判》

傳教士在堅忍耐苦之時，

教會是存在的；

當他們逐漸變得腦滿腸肥，他們的傳教活動也就告終了。

——一八八六年《那麼，我們應該怎麼辦？》

曾經有個時代，

教會指引著世人的精神生活。

但是，教會雖然像人們保證幸福的生活，

事實上，它卻脫身避開因生活而引發的政府鬥爭。

這種作為使得教會違背了自己的使命，

還引得人心背離。

教會的毀滅不是因為教會自身的墮落。

而是因為在君士坦丁大帝時代

受權力庇護的神職人員違背了勞動準則的緣故。

（譯注：羅馬帝國皇帝，賦予教會各種特權。

公元二七四～三三七年）

因為他們擁有享受奢豪和怠惰的權力，

導致教會的墮落；

他們因為權力，

忘了為他人奉獻的使命，

全心全意只在教會的事物上。

聖職人員將他們的一切都投注於怠惰與放縱之上。

——一八八六年《那麼，我們應該怎麼辦？》

真實的信仰不需要教會。

——一九一〇年《人生之道》

耶穌不但反對那些自稱傳教士的祭司

滔滔不絕地傳述一些無意義的事，

以及拿著麵包與葡萄酒，

（譯注：麵包代表基督的身體，葡萄酒代表基督的血）

玩弄魔術般的聖餐儀式等褻瀆上帝的行為，

連傳教士這個稱呼，

他都極其反對。

耶穌要人在各自孤獨安靜之處祈禱。

而禁止他們在教會祈禱。

耶穌反對教會的存在。

為了打破教會，

他還告訴世人，

祈禱必須付出真心，

而且是內心的活動，

不是教會的活動。

他並且告訴世人，

我們不只要避免在這裡所進行的一些事，

像是判決、監禁、虐待、侮辱、責罰等，

還要避免對別人使用暴力，

以使自己能夠逃脫囚牢的禁錮。

——一八九九年《復活》

教會信仰是一種奴隸制度。

——一九一○年《人生之道》

稱作教會的教會與基督教之間，

不但名稱上毫無共通之處，

雙方的原則也完全敵對。

前者是傲慢、暴力、固執、自以為是、死亡；

後者則是謙虛、懺悔、順從、運動與生命。

——一八九三年《上帝的天國在你心中》

真正的基督教否定立基於基督教的暴力，

更否定讓政府與支配階級佔居有利的立場，

如階級差別、財產的積蓄、刑罰、戰爭等。

政府和支配階級都了解這一點，

因而他們認為，

只有支持其立場的宗教，

才有去支持的必要。

被教會扭曲的基督教似乎對政府和支配有利，

因此他們不停地歪曲真正的基督教，

並把通往真正的基督教的途徑阻隔在世人的視線之外。

——一九○一年《關於信仰自由》

異教徒社會組織的基礎在於復仇與暴力。

這是情勢所至，無可奈何的事。

而我們基督徒的社會基礎，

如眾所認同的，

是自然的愛與對暴力的必然反對。

但是，實際上，暴力仍然是支配者，

因為被人們傳述歌頌的基督教諭並非真正的基督教諭。

　　——一九一〇年《人生之道》

世人在閱讀福音書時，

不論托辭為了復仇，

還是為了保全自我、拯救別人，

甚或是為了防止自己對鄰人作惡等，

而欲遵循福音的教誨，

進而當一名基督徒，

大家都知道，此時必得做一個決定，

是要拼命隱藏基督的教誨所要求世人的事，

還是過以暴力——亦即對鄰人作惡所支撐的生活？

然而，世人卻非常輕易地接受用

各式各樣的教條頂替基督教之本質的教會的虛偽教言。

　　——一九一〇年《人生之道》

第六節

暴力

「以眼還眼，以牙還牙。」
你們一定聽過這兩句話吧？
但是，我要告訴你們：
「不要抵抗壞人，必須忍耐。」
耶穌的這段話可以這樣詮釋：
「我們被教養成用暴力保護自己：
自己的眼睛被挖出來，
我們也想辦法去挖對手的眼睛，
並設置法院、警察或軍隊保衛自己。
我們認為這是正當合理的行為，
並習慣這種想法。
但是，我要告訴你們，不要使用暴力。
對任何人，甚至是對你的敵人，
都不要製造罪惡。」
——一八八四年《我的信仰是什麼？》

對待被壓迫者的暴力，

就像是勉強克制自己不要殺會生金雞蛋的雞一般，

不停地往極限增大。

如果這隻雞像美洲土人、斐濟人或非洲土人一樣不生蛋，

立刻就會被殺掉。

——一八九三年《上帝的天國在你心中》

・托爾斯泰與契訶夫（1901年）

暴力雖然會產生和正義類似的東西，

但它也會產生使眾人遠離過祥和正確之生活的可能性。

——一九一〇年《人生之道》

諸侯擁兵自重，殘殺無度，

連婦孺都不放過，

蹂躪人民的家園；

擁有奴隸的人，

不僅奪取奴隸的勞力和金錢，

奴隸若不服從，

便出動武裝人員對付他們；

有些人向人民課稅，

並用武器防守人民的村莊；

內政部透過縣市長或警察局長徵集金錢，

若是有人拒絕支付，

便以軍隊相向……

諸如以上種種，不管何種形式，

只要依靠刀槍支持的暴力存在，

眾人的財富就無法分配，

全都會落到施暴者手中。

——一八八六年《那麼，我們應該怎麼辦？》

聲稱為了維護正義而結束別人的生命，

就如同一個人重蹈使他損失一隻手的災厄，

為了正義而將他的另一隻手斬斷——兩者極為相似。

——一八九三年《上帝的天國在你心中》

對別人使用暴力的人主張：

為了國家，必須使用暴力；

為了國民的自由和幸福，國家必須存在。

換句話說，使用暴力的人認為：

為了國民的自由，要對國家施加暴力；

為了國民的幸福，就得對國民行惡。

　　——一八八六年《那麼，我們應該怎麼辦？》

每個人都知道，不論哪一種暴力，都不是好事。

有什麼方法可以使人們不再使用暴力？

謀求他人崇敬的人想出了唯一的方法，

那就是運用更殘忍的暴力，

亦即牢獄、死刑，以解決暴力問題。

　　——一九一〇年《人生之道》

使用暴力，會引起眾人的憎惡。

使用暴力保衛自己的人不但無法確保自身的安全，

還可能招致更大的危險。

所以，用暴力確保自身的安全不但是一件愚蠢的事，

還相當不切實際。

　　——一九一〇年《人生之道》

人類災厄的要因之一是：

一部分人誤以為使用暴力，
可以改善並組織眾人的生活。
——一九一〇年《人生之道》

世人早已習慣暴力，

並認為必須有法院、警察和軍隊，

才能保障人民安和的生活。

這不單是一個錯誤的想法。

相對地，

法院、警察和軍隊一直再妨害人民和睦寧靜的生活，

以及其它所有事物。

然而，人民卻寄予這些組織一些渺茫的希望，

而不靠自己的力量，

努力為彼此建立和平的生活

——一九一〇年《人生之道》

我們完全無法發現暴力的犯罪傾向，

是因為我們一直都服從於暴力。

暴力在本質上，必然伴隨著殺人的行為。

某個人命令別人做事，如果不做，就強迫他去做。

這與「如果你不照我的意思去做，就殺了你！」一樣。

所有的暴力者都是殺人者。

——一九一〇年《人生之道》

桶子會漏水，一定是哪裡破了個洞。

檢視桶底，會發現水從洞口不斷洩出。

如果你從外面將洞口堵住，

不管你使多少力氣，

水可能還是一直漏，

要水桶不再漏水，

一定要先找到破洞，

然後從內部將洞口堵住。

如欲廢止財富的分配不均，

亦即堵住民眾流失財富的洞口，

方法就和堵水桶一樣。

有人主張把勞動者組織起來，

資本成為社會共有，

土地也成為人民共有。

這種做法就如同從水桶外側堵住洞口。

為了制止勞動者的財富落至沒有勞動的人手中，

必須從內部探討其原因。

而這個原因——

流失財富的洞口，

就在於武裝者動用暴力對付沒有武裝的人。

亦即軍隊的暴力。

因為這種軍隊的暴力，

人民的工作場所和土地都被奪走，

以惡制惡，

會失掉幸福。

用愛對待邪惡，會得到幸福。

——一九○八年《暴力的規則與愛的規則》

自己的勞動所得也必須繳交出來。

只要有一個自以為人民承認他有殺人

和不須容赦他人之權利的武裝者存在，

財富的分配不均和奴隸制度就永遠不可能消失。

——一八八六年《那麼，我們應該怎麼辦？》

暴力無法鎮壓人，只會刺激人。

所以很明顯，暴力根本無法改善世人的生活。

——一九一○年《人生之道》

只要我們可以找到破壞幸福的兇手，

我們的人生就可能變得更美好。

破壞我們生活幸福的最大兇手即是——

迷信暴力可以為我們帶來幸福。

——一九一○年《人生之道》

革命

有人說，被壓抑的人要起來打倒壓抑自己的政府，

重新建立一個不需要暴力和使人民奴隸化的政府。

唯有如此，人們才能從暴力中解放出來，

至少能使暴力緩和下來。

如果真的有人如此向眾人鼓吹，

或是實際去實行，

這些人只不過是在欺騙自己和別人。

它不但不能改善整個情況，

相反地，只會使情況更惡化。

也就是說，這些人的運動只會加強政府的專橫。

這些人的解放運動，

剛好給政府一個加強權力的好藉口，

促使政府強化它的權力。

——一八九三年《上帝的天國在你心中》

用謊言將彼此連接在一起的人

就像是緊緊地黏在一起的一群人。

這群人的結合是世間的一種罪惡。

人類所有理性的結合，

都會因為這個謊言建立起來的關係而遭到破壞。

所有的革命都會嘗試用暴力敲碎這個充滿謊言的組合。

人們認為，一旦這個組合被敲碎，

就不會再結合起來。

事實上，拼命去打擊這個組合，

只會使這個組合越發堅強。

不管這個組合受到多少打擊，

其核心部分都會分給各個部分力量。

只要沒有人離開這個組合，

其結合的力量就不太可能瓦解。

結合人與人的力量，是虛偽、謊言；

而解開人與人之結合的力量來自真實。

真實，只有靠真實的行為，才能讓人了解。

只有真實的行為才能讓人們感受到真正的光芒，

才能打破虛偽的組合。

唯有如此，才能讓人們從謊言的組合中，一一解放出來。

——一八八四年《我的信仰是什麼？》

俄羅斯以及所有基督徒的世界當中，

想用暴力改善人民之生活的革命家和政府——

兩個敵對的組織，其立場和活動，

就好像為了取暖而拆掉自己屋子的牆壁燃燒的人一般，

兩者非常相似。

——一九〇八年《暴力的規則與愛的規則》

· 托爾斯泰與農民（1909年）

為什麼會有革命？

為什麼革命會如此殘忍？

因為，權力支配著讓眾人迷信，用暴力可以建立起眾人的生活。

——一九一〇年《人生之道》

如果你注意到社會組織中的壞處，

想糾正它，那就必須知道，

糾正的手段只有一個：

所有的人都要成為更好的人。

為了讓所有的人都能成為更好的人，

你唯一能做的事就是讓自己成為更好的人。

——一九一〇年《人生之道》

無政府主義者的觀點都很正確，

不管是對現存事物的否定，

還是主張在現存的習俗之中，

再沒有比權力之下的暴力更罪惡的東西。

但是，如果他們認為透過革命，

可以建立無政府的社會，

那他們就犯了一個很大的錯誤。

因為，

無政府的社會是在不需要政府的權力保護的人越來越多，

而且恥於使用政府權力的人也越來越多的情況之下，

才能建立起來。

——一九一〇年《人生之道》

在人類的生活當中，為了產生更偉大、

更重要的變化而存在的一些令人咋舌的事物——

舉凡數百萬武裝軍隊、新穎的道路、機械設備、博覽會、

勞動公會、革命、路障、爆破、發明、空中飛行等，

全都毫無用處，有用處的只是輿論的變化罷了。

改變輿論，既不需思考，也不用傷腦筋。

而且不須推翻現有的東西，或是設計新奇的事物。

人們只要不被一些政府所偽造的、

早已毀滅的輿論所欺騙，就足夠了。

一個人只能說出真正感覺到的事。

如果是自己無心的事，

就算只是一點點，也不要說出口。

因為只要有人這麼做，即使是很少數，

那些沒有用處的輿論就很可能快速衰微，

然後新生出真實的輿論。

輿論一改變，

讓人們苦惱的生活內容就可能自動毫無麻煩地轉變了。

如果有人主張，

為了讓所有人都能夠從苦難的災厄中解放出來，

必須做一些就算是微乎其微的小事，

這個主張即使只是用說的，都令人覺得汗顏。

人只要不說謊就夠了，

人只要不上自己謊言的當，

而且不去說自己沒想過、未感覺的事，

那麼，或許過了好幾世紀，

革命家或得到政權的革命家未完成的大改革，

很快就能來到我們的生活之中。

——一八九四年《基督教與愛國心》

第八節

刑罰

在動物之間，惡會引發更多的惡。
因為，動物不懂得如何抑制內心被引發出來的惡，
當然也就不知道惡正在擴張，
故其結果就是以惡報惡。
人是理性的動物，
所以不能不注意內心的惡是不是在擴張，
而且必須克制自己，不要以惡對付惡。
但是，人的動物性本能往往勝過理性的本能，
原本用來克制自己不要以惡制惡的理性，
常被用在將自己所做的惡正當化的功用上，
並且稱這個惡為懲罰或刑罰。
——一九一〇年《人生之道》

雖然刑事犯所受的苦難是最可怕而無意義的，

但他們在被判罪的前後，

總會經過類似的法律程序。

然而，政治犯卻連類似法律的東西都得不著。

這就如同聶黑流道夫在舒斯托娃的案子上，

（譯注：《復活》中的主人翁）

以及後來在許許多多政治犯的案子上所見到的一般。

這些人所受到的待遇，

・攝於書齋（1909年）

好像是用網打魚，

落在網裡的魚被拖上岸之後，

人們所需要的大魚都被挑走，

剩下的小魚就任其在岸上乾死。

同樣地，

政府逮捕了成百這種顯然無罪且不能危害政府的人，

把他們關入監獄中好幾年。

在監獄中，他們感染了肺病、發瘋或自殺。

監禁他們，只是因為沒有釋放他們的理由，

或是因為在監獄控制下，

審問時對於問題的說明，或許需要他們。

所有這些甚至從政府的觀點來看也無罪的人，

他們的命運往往取決於憲兵及警察局的官員、

偵探、檢查官、法官、省長、

部長的隨心所欲、閒暇和心情。

當這些人覺得很無趣，或者想出風頭的時候，

便命令屬下去逮捕，並且憑自己或上司的情緒，

判定下獄或釋放；

而上級官員也憑自己是否要出風頭，或是想討好部長，

不是判定流放邊地，就是禁錮在獨室，

或是判流刑、懲役、死刑，

或者在某某貴婦人向他要求時釋放犯人。

——一八八九年《復活》

經驗老到的牧人都知道，

高舉鞭子威嚇想逃走的動物，效果最好，
而千萬不要用鞭子打它的頭。
——一八六九年《戰爭與和平》

世人常說，以真心對待別人，

就算是用惡回報別人的惡，也無所謂。

這是個錯誤的想法，

只是用來欺騙自己的藉口罷了。

以惡回報別人的惡，

並不是真心對待別人，而是報仇。

用惡矯治惡，根本不可能。

——一九一〇年《人生之道》

殺人，

對於以宗教的教諭和良心表現出來的神的法則來說，

明顯是個荒謬的背叛。

不管在怎樣的狀況下，

這種荒謬都不會改變。

尤其是在國家組織之下，

不管是用死刑殺人，

還是在戰爭之時殺人，

都是大家所認同的極其正當的行為。

——一九一〇年《人生之道》

基督教廢棄「以眼還眼，以牙還牙」這個規則。

然而，有些人不但一直堅守這條規則，

還將這條規則充分地用在刑罰或戰爭上。

更甚者，根本沒什麼原因，

他們便下令開戰，

然後犧牲了幾千萬人。

這些人若是將這條規則極小規模地用在自己身上，

就會知道他們根本沒有憤慨的權力。

因為，經國王或皇帝的命令、

同意而被殺害的人民有數萬甚至百萬之多，

而國王或皇帝如果遭到殺害，

不是頂多只有一個人而已嗎？

身為國王或皇帝的人。

對於亞歷山大二世或溫貝耳特王

（俄羅斯皇帝，遭暗殺身亡。一八一八～一八八一年）

（義大利國王，遭暗殺身亡。一八四四～一九〇〇年）

之類的暗殺事件，實在不應該感到憤慨，

因為他們不停地是非不分，

濫殺人民，就是給人民殺人的示範。

要是這類暗殺幾乎都從不發生，

那才教人驚訝。

——一九〇〇《戒殺》

刑罰是與成熟的人類越來越不合的概念。

—— 一九一〇年《人生之道》

我們這個社會多少還有點秩序存在。

這不是因為有推事、檢察官、法官、看守、

死刑執行人或軍隊等，

可以制裁、懲罰他人的人物存在，

而是因為，

人們無視於政府方面的人如何墮落，

仍然彼此相憐、相愛。

—— 一九一〇年《人生之道》

人因其惡行的一角暴露出來而受到刑罰，

無異於火上添油。

做壞事的人全都失去了寧靜的心，

不斷受良心的苛責，

他們早已在接受刑罰。

如果沒有感覺到良心的苛責，

像這樣的人，

不管判他什麼罪，

施予他什麼樣的刑罰，

他都不會改過向善，

反倒只會加深他的憎恨。

—— 一九一〇年《人生之道》

我們要以德報怨，

原宥所有的人。

如果大家都能這麼做，

這個世界的惡就有可能消失。

或許你欠缺實踐的力量，

但我們必得了解，

我們僅只要求這一點，

故不管怎樣，

都必須實踐這一點。

因為，這是將我們從痛苦的罪惡中解救出來的唯一道路。

　　——一九一〇年《人生之道》

只有完全被權勢欲白癡化的人才會當真相信，

用刑罰可以使我們的生活變好。

只有在人的心境產生變化時，

生活才有可能改變。

對別人行惡，

可以改善自己的生活，

這是絕對不可能的事。

只要不再迷信刑罰可以改正一個人，

就可以清楚地了解這一點。

　　——一九一〇年《人生之道》

要獵殺熊之前先準備一桶蜜，

在桶的上方垂一條繩索，

繩索下方吊一根重原木。

熊在吃蜜之前，一定會先將原木推開，

原木被推開之後，一定會反盪回來。

熊一吃驚，便會更加用力將原木推開……

一直到熊被射殺之前，會一直重複這種狀況。

人類在以惡制惡之時，剛好就是這樣的情形。

難道人類不比熊更有智慧嗎？

　　──一九一○年《人生之道》

人類是理性的存在，所以必須注意，

不能為了報復而毀滅惡。

換句話說，人必須了解，

遠離惡的道路，是與惡對立，

亦即只在愛之中。

不管人們如何稱呼這條道路，

但它絕不是報復。

然而，世人總是沒有注意到這一點，

還賦予刑罰虛無渺茫的期待。

　　──一九一○年《人生之道》

大概已經過了數十年還是數百年吧？

但是，現在我們仍然懼怕著烙刑和烤問。

我們的子孫談審判、

監獄或死刑而色變的時代也將會來臨吧？

將來我們的子孫或許會說：

「這些人實在差勁，

居然沒有發現自己所做的事是那麼愚蠢、

殘忍而毫無用處！」

──一九一○年《人生之道》

寬恕，並不是口頭上說：「我原諒你！」就好了。

對於對自己無禮之人的恨意，亦即敵意，

都要從心裡掃除乾淨，這才叫做寬恕。

為此，我們不能忘記自己的罪惡。

如果我們沒有忘記自己的罪惡，

我們一定會認為自己的行為比惹我們生氣的人的行為，

還要惡劣得多。

──一九一○年《人生之道》

第九節

金錢

某些人之所以能支配其他人，

並不是金錢的緣故，

只是因為勞動者沒有充分地享受到自己的勞動價值罷了。

而勞動者之所以不能充分地享受自己的勞動價值，

是由於資本、地租和勞動所得三者的特殊關係，

以及在這三者中的生產、

消費和財富分配之間的複雜關係。

——一八八六年《那麼，我們應該怎麼辦？》

交易時，

金錢是沒有害處的手段。

但是，這只限於在國內的沿岸

尚未安裝砲口朝著民眾的大砲之時。

——一八八六年《那麼，我們應該怎麼辦？》

人類全都是自由的。

沒有人能夠壓抑別人，

或是把別人當作奴隸。

但是，只要社會有金錢存在，

以及讓不勞而獲不停地增加的一部分人，

用以縮減勞動所得到最低限度的鐵則存在，

人類便不得自由。

——一八八六年《那麼，我們應該怎麼辦？》

・攝於1908年

世界上沒有人能製造像金錢一樣多的罪惡。

——一八六三年《波庫斯克》

有金錢存在的人類社會，

一定有武裝的強者用暴力對付沒有武裝的弱者。

暴力存在之處，

標示物品價值的金額——

不管是家畜、毛裘、皮革或金錢都一樣，

必然會失去其原有的意義，

成為暴力的補償品。

——一八八六年《那麼，我們應該怎麼辦？》

金錢代表勞動。

的確，金錢是勞動的結果。

但是，所指的是誰的勞動？

在我們的社會，

金錢及代表著擁有金錢者的勞動這種情形幾乎不存在。

金錢大多代表別人的勞動，

有的時候還包括別人過去和未來的勞動。

金錢代表著用暴力決定別人的勞動義務。

——一八八六年《那麼，我們應該怎麼辦？》

金錢與奴隸制度無異，

其目的和結果都相同。

—— 一八八六年《那麼，我們應該怎麼辦？》

金錢更正確、更明顯的定義，

就是它可以給予人們利用他人勞動的權力。

正確地說，應該是利用他人勞動的可能性。

在理想的狀況下，只有當金錢代表勞動的時候，

才有可能得到這個權力或是可能性。

只有任何一種暴力都不存在的社會，

金錢才能具有如此理想的意義。

—— 一八八六年《那麼，我們應該怎麼辦？》

金錢是利用他人之勞動的可能性或權力，

為奴隸制度的一種新形態。

與古老的奴隸制度不同之處只在於：

新形態的奴隸制度沒有特定的對象，

並解除了對待奴隸的所有人際關係。

—— 一八八六年《那麼，我們應該怎麼辦？》

一個人用掉的錢越多，越會令別人為自己工作。

而他用掉的錢越少，越會督促自己工作。

—— 一八八六年《那麼，我們應該怎麼辦？》

第十節

私有

國家，亦即政府，

會策動陰謀，發動戰爭，

全是私有的欲望作祟。

例如，在萊茵河沿岸、北非或中國，

以及巴爾幹半島上的情勢動向，全都是如此。

銀行家、商人、廠長或地主，

他們忙碌地工作、奔波，

忍受各種痛苦，其目的就是私有財產。

官員或工匠也是為了私有財產，

不停地忍受折騰，不停地受苦，彼此容忍。

法院和警察保護人民的私有財產，

而所有的懲役或監獄——

所有殘酷的刑罰，全都是因私有制度而引起。

私有制是所有罪惡的根源。

全世界都正為確保私有財產的平均分配，不停地努力。

——一八八六年《那麼，我們應該怎麼辦？》

近代所有罪惡的根源就是私有制度。

私有制度是有產階級和無產階級苦惱的根源，

是世人濫用私有財產所受的良心苛責之根源，

也是有產階級和無產階級之間衝突的根源。

私有制度是罪惡的根源，

也是近代社會所有活動的目標，

更是近代世界所有活動的領導者。

——一八八六年《那麼，我們應該怎麼辦？》

・攝於1908年

喜愛勞動，對勞動毫無怨言的人，

把自身之肉體以外的財產，
亦即利用他人之勞動的權力或可能性，
只看作一些無意且令人厭惡的事罷了。
——一八八六年《那麼，我們應該怎麼辦？》

什麼是私有財產？

完全屬於我個人的東西，

可以任憑我自由處理的東西，

任何人都沒有權力取走的東西，

一輩子都屬於我，

不會改變的東西，

以及我經常必須使用的東西等等，

都是私有財產。

像這樣的私有財產，

對所有的人來說，

只不過是某個人自己。

但是，像這樣子的私有財產，

通常指的是被架空的私有財產。

換句話說，

這樣被架空的私有財產會造出世界上所有可怕的罪惡，

即戰爭、死刑、審判、監獄、奢侈、

淫亂、殺人、人類的毀滅。

——一八八六年《那麼，我們應該怎麼辦？》

奴隸

不論以哪種形式，
奴隸的產生都是建立於某些人可以奪取別人之生命，
以及用威嚇可以讓別人聽從自己之意志的想法之上。
——一八八六年《那麼，我們應該怎麼辦？》

我們可以毫無誤差地斷言，
人類的奴隸化——
亦即有些人不顧自己的意志，
聽從別人的意志，
還得做一些並非自己希望做的特定工作……
如果這真的存在，產生奴隸的，
就是建立在威嚇別人的生命之上的暴力。
——一八八六年《那麼，我們應該怎麼辦？》

一個人若當真厭惡奴隸制度，
不想助長它的發展，
不管是投資自己的土地、金錢，
或是為政府工作，最重要的是：
絕不可利用別人的勞動。
——一八八六年《那麼，我們應該怎麼辦？》

・訪問精神病院（1910年）

把別人當作奴隸，

可以讓他去做他認為不好的事。

但是，要一個承受暴力欺壓的人認為自己很自由，

或是讓他認為自己蒙受的災厄是一種幸福，根本不可能。

奴隸制度在很久以前就被廢止了。

在我國、羅馬、美國等地都是如此。

但廢止的只不過是名稱罷了，

事實則尚未改變。

　　——一八八六年《那麼，我們應該怎麼辦？》

奴隸制度完全違背了

柏拉圖與亞里斯多德所說的道德原理。

（譯注：古希臘哲學家。公元前四二七～三四七年）

（譯注：古希臘哲學家。公元前三八四～三二二年）

然而，就連柏拉圖與亞里斯多德

也沒有領悟到所謂的奴隸制度。

因為，一旦否定了奴隸制度，

他們的生活基礎也會隨之毀滅殆盡。

同樣地，在近代世界，

仍舊存在著奴隸制度。

　　——一八九三年《上帝的天國在你心中》

奴隸制度，

就是一部分人從為滿足自己的需求所必要的勞動中將自己解放出來，
並用暴力將這個勞動加諸他人身上。
——一八八六年《那麼，我們應該怎麼辦？》

我曾聽說，

有一個好酒的禁衛士官在到處借貸，

信用透支之後，

以三盧布一瓶的代價，

向他從未借貸過的理髮店借了法國製的髮油，

用它代替車油，塗抹在它的馬車上。

近代社會不是也經常發生同樣的事嗎？

只是，近代社會狂亂無比，

被浪費掉的恐怕不是法國製的油，

而是人的性命。

——一九〇〇年《近代的奴隸制度》

奴隸制度確實存在。

它是如何生成的？

是憑著武裝的強者

用來對付沒有武裝的弱者的暴力而建立起來。

沒有這種暴力為基礎，

它不可能存在。

——一八八六年《那麼，我們應該怎麼辦？》

PART 3

藝術、科學、教育

文學與藝術

單純，
是精神上趨於美的主要條件。
為了讓讀者對於登場的人物感到共鳴，
必須讓讀者認同出場人物的美德與相等程度的缺點。
換句話說，美德是可能有的，
缺點也是必定存在的。
──一八五二年《日記》

單純，
是我夢寐以求的一種特質。
文學日漸式微的原因，
在於人們已習慣於閱讀簡單的作品，
以及寫作已經成為一種職業的緣故。
一輩子能寫出一本了不起的作品，這就足夠了。
──一八五二年《日記》

文學之中最惡劣的是

——模仿自己。

——一八五七年《筆記》

所有作品的目的都必須有益——亦即善。

作品的主題必須高尚，

必須擺脫陳腔濫調的寫法。

寫完草稿後，

開始審稿之時，

多餘的部分不要吝於刪除，

也不要加寫新的東西。

在檢討自己的作品時，

必須站在只求書本之樂趣的讀者之立場上。

——一八五三年《日記》

‧病床上的托爾斯泰與長女塔契雅娜（1902年）

不管是完成哪一種作品，

其結果都呈現兩種極端不同的獨創能力。

在藝術的文學領域中，

一個極端是個性，

另一極端則是讀者的要求。

——一八五七年《筆記》

每一位作家在寫作的時候，

都會顧及特殊類別的理想讀者。

作家必須好好地實踐這些理想讀者的要求。

即使這種讀者在世上只有少數一兩個，

還是要只為這一兩個人而寫作。

——一八五二年《日記》

讓自己感到滿足的文學成就，

只有把對象研究徹底之後才能得到。

為了讓這個工作能夠舒暢地進行，

必須選擇高尚的對象才行。

——一八五三年《日記》

藝術是人類心力最高度的發揮。

——一八五八年《阿爾伯特》

在夢中,有比現實更好的一面;
在現實中,也有比夢更好的一面。
完整的幸福應該是兩者的結合吧?
——一八五一年《日記》

對於感情豐富又聰明的人來說,
熟練的寫作技巧不在於知道該寫什麼,
而在於知道不該寫什麼。
——一八五三年《日記》

福音上寫道:「不要評斷人。」
這一點用在藝術上也相當正確:
你可以纂寫、可以描繪,
但是,不要評斷。
——一八五七年《筆記》

批評沒有什麼意義。
批評只是吹毛求疵地談一些非人的想法。
在批評中,不是謾罵,便是奉承。
——一八五七年《日記》

對歷史學家來說，

為了達成某種目的而鼎力協助某個人物，

這表示英雄的存在。

對藝術家來說，

生活中每一個層面的英雄人物，

只有在整個團體僅餘一個人的時候，

才可能存在。

而事實上，英雄是無法存在，

也是不應該存在的。

　　——一八六八年《再論〈戰爭與和平〉》

自從有人類生存以來，

受到世人高度評價的真實藝術，

其定義只有一個，

亦即關於人類之使命與幸福的科學表現。

　　——一八八六年《那麼，我們應該怎麼辦？》

藝術的評論和有機化學一樣，雖然做過分析，

從分析的結果所得到的知識卻毫無用處。

　　——一八六六年《筆記》

藝術是一種謊言。

我已經無法再去愛美麗的謊言。

——一八六〇年《給菲特的信》

科學和藝術，

都是為了社會及全世界人類的幸福而進行的頭腦運動。

所以，只有我們抱著這個目標，

並為達成這個目標而付出心力的活動，

才有資格稱為科學或藝術。

——一八八六年《那麼，我們應該怎麼辦？》

老是為聲音是否會走調而提心吊膽的小提琴手，

絕對無法給聽眾一種詩的感性。

相同地，作家或演說家如果老是怕說漏了什麼，

或是擔心無意中會說錯什麼，

就很可能無法將他們的新思想或情感表現出來。

——一八六五年《筆記》

真實的科學與藝術具有兩個很明顯的特徵。

第一個特徵是內在的：科學家或藝術家，

他們不為私欲，並且捨棄自我，完成自己的使命。

第二個特徵是外在的：

他們的作品可以和一直追求幸福的所有人產生共鳴。

——一八八六年《那麼，我們應該怎麼辦？》

會成為思想家或藝術家的人，

並不是在培養學者或藝術家的學校裡接受教育，

（事實上只培養出科學和藝術的破壞者）

取得畢業證書，

然後得到生活的保障，

他們即使不去思索，

也能表現胸中之物，

會因兩個不可抗拒的力量——

內心的欲求與眾人的要求，

而不得不思索並表現其內涵。

　　——一八八六年《那麼，我們應該怎麼辦？》

要完成藝術作品，

必須明確地了解什麼是善，什麼是惡，

並劃清兩者之間的界線。

另外，還必須確立一種寫作的態度：

我們不是要寫原本就存在的東西，

而是寫應該存在的東西。

　　——一八八七年《給蓋霍的信》

歷史學家關心的是結果，

藝術家關心的是事件本身。

——一八六八年《再論〈戰爭與和平〉》

波特萊爾等近代頹廢派藝術家如是說：

（譯注：法國詩人兼評論家。一八二一～一八六七年）

詩必須有極善與極惡兩端。

少了這兩端，詩便不存在。

所以，只追求善，會破壞對比，

進而破壞整首詩。

他們實在太過杞人憂天了。

惡是非常強烈的，

它在無意識中會成為整個作品的基調，

並自然而然地形成對比。

一旦承認惡的存在，

惡也可能會籠罩整部作品，

形成內容單一、沒有對比的作品。

但是，如果連惡都消失了，

任何事物也可能都會消失。

為了讓惡存在並形成對比，

不得不傾全力追求善。

——一八九二年《日記》

藝術是教育與娛樂之中最偉大的事業。

——一八九六年《筆記》

很久以前，

我便制定了一個從三個層面判定所有藝術作品的法則。

第一，從內容的層面看，

由新的一面看藝術家所要表達的事物，

對世人來說，

擁有何等程度的重要性與必要性。

也就是所有作品只有在呈現出生活的新面貌之時，

才能稱之為藝術作品。

第二，從作品的形式看，

它是否理想、完美，

以及符合哪一種內容。

第三，從藝術家對對象抱著何種程度的誠實態度看，

亦即藝術家對自己所描繪的對象抱著何種程度的信任。

我想，在藝術作品的範圍內，

第三點通常是最重要的，

它給予藝術作品力量以及強烈的感染力。

換句話說，

這樣的藝術作品可以讓觀眾、

聽眾或讀者感染到藝術家所體驗的感情。

——一八九四年《西蒙諾夫的〈農民小說〉代序》

藝術是辨別善惡的方法之一，

也是認識美的方法之一。

——一八九〇年《日記》

藝術是存在的。

如果把藝術當作目標，

其主要的目的是為了表現出人類靈魂真實的一面，

並訴說無法用簡單的文字表示的祕密。

只有如此，才能成就藝術。

藝術就如同顯微鏡。

藝術家把自己靈魂的祕密放在顯微鏡下，

讓世人知道人類共通的祕密。

——一八九六年《日記》

所有真實的才能，

不受虛假理論的影響而扭曲，

並且可以讓有才能的人受教育，

讓他走上精神層面發達的道路，

讓他愛值得愛的，

憎恨應當憎恨的事物，

唯有如此，才能看見他才能中的驚人特質。

藝術家不會照他所想的看對方。

只有按照對方原本的模樣看待對方的，

才是真正的藝術家。

——一八九四年《莫泊桑作品集代序》

所有真實的藝術家之所以成為藝術家，

只不過是因為他們胸中有物、有寫作能力，

並且有閱讀與觀察，

以及即使在最嚴格的法庭之中也能妥善照顧自己的能力。

──一八八七年《給蓋霍的信》

藝術當中最重要的問題是：美到底是什麼？

美就是我們心中的愛。

人們常說，不是因為某物美才可愛，

而是因為它可愛所以美。

問題是，它為什麼可愛？

而我們又是為了什麼才愛？

因為覺得它很美才愛它，

這好像是說，因為空氣甜美我才呼吸一樣。

我們是因為不能不呼吸，

才感覺到空氣的甜美。

同理，我們是因為非愛不可，

才發現其中的美。

有些人看不到精神之美，

但看得到肉體之美。

至少，他確是愛他的肉體。

──一八九六年《日記》

藝術或藝術家，

非但沒有奉獻自己給民眾，反而一直在榨取他們。

——一八九七年《日記》

你問我是要繼續寫下去，

還是就此停筆。

我用同樣的問題思考自己的情況，

在此就照我思考所得的結論回答你的問題。

如果你自覺寫作是為了

將對人類的幸福有所幫助的重要訊息傳達給他們，

並且不在意是否具名，

也可以不接受其所得的利益，

那麼你一定要繼續寫下去。

但是，你的主要目的如果是私人的利益，

那就沒有必要繼續寫。

如果你已開始懷疑你寫作的動機，

那還是停止寫作比較好。

——一八九八年《給別斯索諾夫的信》

要正確地為藝術下定義，

最重要的是不要再把藝術當作快樂的手段，

而必須把藝術看成人類生活的條件之一。

如果用這樣的眼光看藝術，

我們不能不把藝術定位成人際間相互交流的手段之一。

——一八九八年《藝術論》

認為吃的使命和目的是快樂的人，

不能理解吃的真實意義。

同樣地，認為藝術的目的就是快樂的人，

不能理解藝術的意義與使命。

對於和生活的其它種種現象

彼此都有關係之後才具有意義的人類活動，

他們抱著稱之為快樂的虛幻且異常的目標。

人們要是理解吃的意義是為了補給營養，

就不會再認為吃的目的是快樂。

藝術也如此。

當人們了解藝術的意義之後，

可能就不會再把人類活動的目的

當作是美（亦即快樂）了吧？

　　——一八九八年《藝術論》

人類為了將自身體驗到的感情傳達給別人，

並再度喚醒自己的記憶，

而使用了特定的外在符號表現自己，

於是開始有了藝術。

　　——一八九八年《藝術論》

為娛樂有錢階級

而創作的藝術不只像賣春一樣，
簡直與賣春無異。

——一八九八年《日記》

藝術並非形上學者所說，

是以神祕的理念、美、神的方式表現，

更不是像生理學上的美學專家所說，

是發洩多餘之精力的人所玩的人間遊戲。

藝術不是依靠表面符號的情緒表現，

也不是為人們製造快感的機器。

藝術不代表快樂。

藝術是推進個人及全人類生活幸福所不可欠缺的，

一種人際交流的手段，

亦即用同樣的感情連接每個人的一種手段。

——一八九八年《藝術論》

以前因為擔心使世人墮落的對象會進入藝術的對象當中，

於是全面禁止藝術。

現在，因為擔心給予世人快樂的藝術會消失，

所以不管哪一種藝術都給予保護。

我想，後者比前者錯得更嚴重，

其結果更加有害。

——一八九八年《藝術論》

藝術的評價，換句話說，

依靠藝術傳達感情的評價，

是依據世人了解人生意義的程度而決定的，

亦即依靠思考什麼是人生中的善、

什麼是人生中的惡而決定的；

人生中善惡的判定，

則是依靠宗教而決定的。

　　——一八九八年《藝術論》

宗教，是當代社會中

優秀的先進分子所要達到的人生最高境界的指標，

社會上其他所有的人也不可避免地會朝這個目標前進。

只有宗教，才能成為人類感情評價的基礎，

到今天還是如此。

假如某種感情與宗教所揭示的最高目標一致，

沒有相背，而人們也朝這個目標前進，

這就是善良的感情。

假如沒有與宗教的最高目標一致，

甚至相背而馳，

且是世人也會遠離的感情，

這就不是理想的感情。

　　——一八九八年《藝術論》

藝術活動

建立在可以用眼睛、耳朵捕捉他人的情感，
並有能力感覺出他人所經歷過的情感之人身上。
—— 一八九八年《藝術論》

善，是人類生活永不改變的最高目標。

不管我們如何解釋善，

我們生活的目標永遠都是善，亦即神。

實際上，

善是人的意志本質所構成的形而上學的基本概念——

一種不能用理性規定的概念。

任何人都沒有辦法規定善。

正相反，善是規定其它所有事物的準則。

—— 一八九八年《藝術論》

近代藝術對大多數勞動者來說，

其花費之高昂宛如高嶺之花，難以攀折。

而就內容來看，

其所要表達的情感遠遠脫離了不工作就無法生存的大眾，

令勞動階級與藝術絕緣。

有錢階級感到快樂的事與勞動者感到快樂的事並不相通，

有的事物根本無法喚起勞動者的任何感情，

有的事物卻喚起和怠惰自滿的人全然不同的感情。

比如，名譽、愛國心、戀愛等現代藝術所標榜的感情，

或許只會喚起勞動者的疑惑、輕蔑或憤怒之念罷了。

—— 一八九八年《藝術論》

如果我們不願受文字限制，
就照我們理解美的程度談美，
這只不過是給我們一時的快感罷了。
美的概念不只不符合善，還與善對立。
因為，善是要人克服個人的喜好，
而美卻是所有個人喜好的基礎。
——一八九八年《藝術論》

真是物的表現與本質一致的意思。
真，也是到達善之境界的途徑之一。
但是，真本身既不善，也不美，
而且從不曾與善、美一致。
——一八九八年《藝術論》

思想的著作之所以成為思想的著作，
只限於它能夠傳達新的思想與發表新的研究之時，
而非重複早已為人熟知的事物。
藝術作品（就算是只有極少數）也完全一樣，
只有在能夠把新的感情溶入人類的日常生活時，
才能稱之為藝術作品。
——一八九八年《藝術論》

藝術是人類生活的精神機制，

缺之不可。

——一八九八年《藝術論》

藝術是重要的。

（像是藝術愛好者常常掛在嘴上說的一樣）

如果藝術像宗教一樣，

會帶給人們不可欠缺的精神上的幸福，

那就必須讓所有的人都理解藝術。

如果藝術不能成為大眾藝術，

那麼藝術本身就不如它的外表那樣重要，

或說藝術根本就不像人們所說的那樣重要。

——一八九八年《藝術論》

上流社會的藝術內容之所以會變得貧乏，

是因為藝術使得宗教性及大眾的活動日漸減少，

使傳達藝術情感的範圍越縮越窄。

因為生活在權力與財富中的人不了解什麼是苦，

他們所經驗到的感情範圍

和勞動大眾固有的感情範圍比較起來，

顯得極其狹窄、貧乏，而且沒有意義。

——一八九八年《藝術論》

我們常常聽到某些人對於虛偽的藝術作品這樣說——

這實在是了不起的作品，

但很難理解。

這樣的言論多得氾濫，

而我們早已司空見慣。

很出色但很難理解的作品，

就好像是某種食物非常可口，

卻不合一般人的口味一樣。

味覺變得異常的老饕所珍視的腐乳酪與腐得發臭的山雞，

無法討好口味一般的人。

但是，像麵包或水果，

也是只有在受一般人歡迎時，

才能說它們很可口。

藝術也一樣。

變得異常的藝術，

可能令一般人無法理解；

傑出的藝術則是任何人都能理解的。

——一八九八年《藝術論》

單純，

是真實不可或缺的條件，也是特徵。

——一九〇八年《日記》

我們以為，

屬於我們這一階級（譯注：有產階級）

的現代人所體驗到的感情都極其珍貴而且豐富。

實際上，我們這一階級的人，

幾乎所有的感情都屬於如下三種既無趣且單純的感情。

第一種是傲慢，

第二種是性慾，

第三種是對生命的倦怠感。

這三種感情與由這三種感情衍生出來的感情，

幾乎獨占了有產階級所有的藝術內容。

——一八九八年《藝術論》

現在的藝術家老是喜歡說，

大眾所不懂的藝術是非常傑出的藝術。

這根本是不可能的事。

人們應該這樣認為——

大眾無法理解的藝術極無意義。

或者說，那根本不叫藝術。

——一八九八年《藝術論》

一個人想創造真實的藝術作品，

必須具備許多條件。

首先，他必須領會當時最高水準的世界觀。

其次，他必須有表達經驗和情感的欲望，

以及某一種類的藝術才能。

然而，同時具備這三種條件的人實在非常稀少。

——一八九八年《藝術論》

評論家最大的害處，

在於他們已失去了對藝術的感應能力。

（沒有一個評論家不是如此。

如果他們沒有失去對藝術的感應能力，

應該不會從事於像解釋藝術作品之類的不可能的事。）

對於這些用歪理捏塑出來的作品，

他們不但寄予特別的關心，

還給予鼓勵和褒獎，

並將這些作品當作值得模仿的範本，

推崇這些作品。

——一八九八年《藝術論》

藝術是促使人類進步的兩個機制之一。

人類藉著語言、文字傳達彼此的思想。

藉著藝術，人和過去、現在、

未來的所有人類進行感情的交流。

——一八九八年《藝術論》

區分真實藝術與虛假藝術的方法只有一個，

那就是——

看看這件藝術是否具有將情感傳染給別人的能力。

如果一個人不由自己，開始做一點工作，

而且完全不改變自己的立場，

在欣賞別人的作品時，

仍可以感受到和作者或者

和這個作品的其它享受者相同的心情，

在這個情況下所產生的作品就是真實的藝術作品。

但是，不管是多麼具有詩意，

還是看起來多麼真實、刻骨銘心或興味盎然的作品，

要是無法讓人感到獨特的歡愉，

亦即和他（作者）以及這件藝術作品的其他享受者

（聽眾或觀眾）之間的精神結合，

那就不是藝術作品。

——一八九八年《藝術論》

藝術和語言一樣，

是人際交流的方法之一。

藝術，同時是進步——

邁向完成的人類前進的方法之一。

語言可以讓這一代的人詳細地了解

以前和現代傑出的前衛人士所體驗和思索出來的知識。

藝術可以讓這一代的人親身去體驗

以前的人所經歷過的情感，

以及現代傑出的前衛人士的感情變化。

因此，知識在進步——

亦即比較真實的知識將錯誤而且不必要的知識驅逐出境，

同樣，藝術的情感也在進步。

也就是說，

我們要用人類幸福生活所必要的比較理想的感情，

將人生一點都不需要的非常惡劣的低俗情感——

驅除出我們的世界。

這就是藝術的使命。

越能實行這個使命，

作品的內容就越出色。

相對地，

越不能實踐這個使命，

其內容就越不如其它作品。

——一八九八年《藝術論》

近代藝術就像是在食物裡放鹽一般，

因為好吃，所以吃進了許多鹽巴。

但是，這樣子不僅吃不飽，還會傷胃。

——一八九九年《日記》

人類正不斷進步，

所以前方一定有指示前進方向的指標。

這個指標，從以前起始，

就一直是宗教。

歷史告訴我們，

人類的進步一直跟隨著宗教前進。

如果沒有宗教，

人類就無法前進。

然而，進步從未中斷，

現在也正在進步當中。

所以，現代的宗教必然存在。

——一八九八年《藝術論》

任何藝術都有將自身與人相結合的特質。

任何一種藝術，

都會讓享受藝術所傳達之感情的人，

先與藝術家，

其次與接受相同印象的所有人，

做精神上的結合。

——一八九八年《藝術論》

真實的藝術作品，

就像母親懷著胎兒一般，

是過去生活所結的果實，

難得在藝術家的內心誕生。

而虛假的藝術只要有人買，

工匠和他們的徒弟就會不眠不休地趕製買主所需要的。

真實的藝術，

就像是個有深情之丈夫的妻子一般，

沒有必要裝飾。

而虛假的藝術，

就如同賣笑女子一般，

必須時時妝扮自己。

真實藝術的誕生就如同母親懷孕一般，

是因為有愛的存在。

而虛假藝術的誕生就如同賣笑女子一般，

是因為利欲。

真實藝術的成果和夫妻之愛的成果——

帶來新生的嬰兒一樣。

真實的藝術為人的日常生活帶來新鮮的情感，

而虛假藝術的成果是人類的墮落、

無法飽食的快樂之需求，

以及人類精神的遲緩。

——一八九八年《藝術論》

未來的藝術家可能靠著某種勞動維持生計，

過著和普通人一樣的生活。

他們可能不斷地在努力，

把自己內心流動的精神成果盡可能平均地給予每個人。

他們將自己內心中所產生的感情儘量地傳送給每個人，

這是他們的樂趣，也是報酬。

自己的作品能夠廣泛地流傳，

這應該是藝術最大的喜悅。

但是，為什麼有的人會因為極少數的金錢，

將自己的作品交到別人手上？

就連未來的藝術家可能也無法理解吧！

——一八九八年《藝術論》

未來藝術的內容不會是異常的感情——

只有利用暴力，從人類固有的勞動當中

解放出來的人才有興趣、才能理解，

在任何形式中存在的虛榮心、

憂鬱、倦怠、色慾等的表現，

而是過全人類固有之生活的人所體驗到，

從近代的宗教意識中抒發出來，

或是全人類都可以理解的情感表現。

——一八九八年《藝術論》

藝術不是快樂，也不是消遣，

更不是遊戲。

藝術是偉大的事業，

有把人類的理性意識轉移到感情上的功用。

近代人一般的宗教意識是四海之內皆兄弟，

以及人類彼此的生活都息息相關。

真實的科學應該顯示

將宗教意識適用在生活上的各種方法，

藝術則應該將這個意識轉移到感情上。

藝術的任務非常重大。

受科學幫助以及受宗教引導的真實藝術

有維護人類平穩生活的使命。

依靠外在的手段——

亦即法院、警察、慈善機構、勞動監督所等，

勉強維持到今天的生活，

還要靠人類自動自發的活動來達成。

這正是藝術的使命。

此外，排除暴力也是藝術的使命。

只有藝術，才負擔得起這樣的使命。

——一八九八年《藝術論》

藝術如果不再是人民的藝術，

而成了少數有錢階級的藝術，
還成為不可缺乏的重要事業，
它就變成無聊的娛樂。
——一九一〇年《筆記》

科學和藝術就如同肺臟和心臟一樣，

兩者互相緊密地連接在一起。

只要其中一個故障了，

另一個就無法正常地運作。

真正的科學是研究真理——

某個時代最重要的知識，

並灌輸真理到世人的意識中。

藝術工作，就是把真理由知識領域轉移到感情領域。

所以，若是科學走上錯誤的道路，

藝術也有可能走上同樣錯誤的道路。

——一八九八年《藝術論》

藝術作品越簡單易懂，越是優秀。

藝術越是單純簡潔，

越能清楚地傳達情感，容易理解。

在理論性思想領域中也一樣，

越是單純、簡潔、明瞭的思想，

越有傳播的價值。

在藝術領域，單純、簡潔、明瞭，

是藝術形式中最高的成就，

必須靠很大的才能與努力才可能達成。

——一八五九年《藝術論》

作家或畫家在見到別人的苦難時，

只顧觀察如何重現這種苦難，

而忘記了同情，會令人覺得有點變態而且沒有道德。

但是，這並非沒有道德。

一個人的苦難與創作藝術的精神作用比起來，

如果這種精神作用是好的，

苦難便顯得微不足道。

　　——一八九九年《日記》

近代作家常常會在明顯的地方犯錯，

亦即有以出奇制勝的方式嘩眾取寵的傾向，

也就是排除「單純」的作法。

然而，單純是美不可欠缺的條件。

單純而無技巧，可能是拙；

不單純而有技巧，卻不可能是好。

　　——一九○八年《給安德列夫的信》

頹廢主義是進步還是退步？簡單地回答，
當然是退步。
正因為藝術的退步就表示文明的退步，
所以特別令人感到可悲。
文明的退步肇始於信仰和宗教的闕如──
這就是我們現今生存環境的狀況。
頹廢主義為什麼是文明的退步？
因為藝術的目的是憑相同的感覺結合人類，
而這個條件剛好是頹廢主義所缺少的。
頹廢主義者的詩或藝術
只在他們臭味相投的小範圍中被人接受。
真正的藝術，
要在廣闊的地方讓所有的人都能感受到，
並吸引世人的靈魂。
出色的真實藝術就是如此。
──一九〇八年《給羅斯庫多夫的信》

戲劇、詩、語言

藝術中的詩作，特別是戲劇（Drama），最重要的，
必須讓讀者或觀眾有自己也是登場人物之一的錯覺。
所以，劇作家在設計台詞之時，
對於出場人物該做什麼、該說什麼，
或是不該做什麼、不該說什麼，
都要小心地準備，千萬不要破壞讀者或觀眾的錯覺。
——一九○三年《莎士比亞與戲劇》

每個人都愛詩，
每個人都求詩。
每個人在一生中都只追求詩、尋找詩，
卻沒有人認同詩的力量，
沒有人重視這個世界上最好的幸福。
——一八五七年《D・涅夫魯多夫公爵的日記〈琉森〉》

沒有愛的力量，

詩便不存在。

——一八六七年《給飛特的信》

每個人都必須用自己的語言說話。

——一八五六年《筆記》

不能放在嘴上的字眼就是——黃金。

——一九一○年《人生之道》

· 攝於剛開設的民眾圖書館之前（1910年）

人類的生活，只有在清楚地了解宗教意識之後，

（人類相互緊密結合的唯一基礎）才能完成。

要了解人類的宗教意識，

必須從人類精神生活的每一層面著手。

其中一個層面就是藝術。

而藝術當中最有影響力的一部分，可能就是戲劇。

——一九〇三年《莎士比亞與戲劇》

帶動人生的力量當中最強而有力的力量就是對詩的欲求。

雖然你們沒有意識到這個欲求，

但是，只要你們心中仍保留著一些屬於人類的東西，

你們應該會經常感覺到這個欲求的存在才是。

——一八五七年《D・涅夫魯多夫公爵的日記〈琉森〉》

詩是人類靈魂中燃燒的火焰，

把火燒焦、炙熱、照亮。

真正的詩人不管多麼痛苦，

他仍燃燒自己，也燃燒了別人——

這就是詩所具有的本質。

——一八七〇年《筆記》

民眾擁有他們獨特的文學，

它很美，無法模仿，絕對沒有品。
那就是從民眾口中唱到使每個人朗朗上口的曲子。
——一八五三年《日記》

在你想知道你是否牢牢抓住某些東西的時候，
你可以找一個未曾學習過的人，
看看你是否可以用他的語言傳達你自己的意思。
——一八五三年《日記》

誰都知道，在會話，
特別是商討事務的會話中，
根本沒有必要去理解別人在說什麼，
只要記得自己想要說的話就行了。
——一八六三年《波爾庫斯克》

如果我是一份大眾化雜誌的發行人，
我會這麼跟投稿的人說：
「你愛寫什麼就寫什麼，沒關係。
但是，希望你所用的文字
可以讓印刷廠運回雜誌的車伕看得懂。」
我確信，這樣一來，
這本雜誌可以保持得很清潔、完好，直到入土為止。
——一八七三年《給佩凱魯的信》

假如我是皇帝，

我會發布一條法律，

要那些用自己也無法解釋的文字寫作的作家領受一百鞭，

並廢止其寫作的權利。

　　——一八七八年《給斯脫拉霍夫的信》

人類彼此的知性交流，

語言是唯一的手段。

為了讓彼此的交流成立，

須用一個接一個擁有妥當正確之概念的語言，

讓對方清楚地抓住要點。

　　——一八八七年《人生論》

人類用語言思索。

沒有語言，就沒有思想。

思想是全人類生活的原動力。

因此，用馬馬虎虎的態度對待思想，

是一種很大的罪惡。

「殺語言」比「殺人」要負更大的罪。

　　——一八九〇年《給吉爾凱維奇的信》

語言，

只要我們不特意賦予它錯誤之意，
它會一直有它清楚的意思。

——一八八六年《那麼，我們應該怎麼辦？》

如果我們所擁有的最強大的力量是思想，

則思想的表現——

語言，更需要清楚地去理解、深刻地去記憶。

為了行使這個力量，

必要時要非常謹慎且大膽。

如此可以根絕許多的罪，

也可以為這個世界多添一些善。

——一八九四年《給沙洛蒙的信》

以自己的學問自豪的學者，

說話摻雜著拉丁術語和新辭，

使得原本極簡單的事物變得難以理解——

與沒受過教育的人聽祭司的拉丁語禱文一般納悶。

神祕並不代表聰明。

越聰明的人，越能將表現思想的語言單純化。

——一九一○年《人生之道》

語言是思想的表現，

可以聯繫人與人，也可以讓人彼此分離。

所以，使用語言時，必須十分慎重。

——一九一○年《人生之道》

語言可以聯繫人與人，

也可以分開人與人。

語言可以表達愛，

當然也可以表達敵意與憎惡。

對於讓人與人分離，

表現出敵意與憎恨的語言，

我們必須十分警戒。

——一九一○年《人生之道》

・麥約　夜

時間會過去，

但曾經説過的話不會有所改變。

——一九一〇年《人生之道》

語言是思想的表現。

思想代表神的力量，

所以所說的話和表現必須一致。

語言可以沒有差別，

但不能有惡的表現，

也不應該說謊。

——一九一〇年《人生之道》

對狂人最好的回答就是沈默。

如果你反駁，

他可能會用同樣的話反抗你，

這無異於自取其辱、火上添材。

——一九一〇年《人生之道》

我們都曉得要特別注意裝了子彈的槍，

卻不曉得要慎重地處理語言。

語言不只能殺人，

還能造成比殺人更嚴重的罪惡。

——一九一〇年《人生之道》

第三節

科學、歷史、教育

科學和藝術活動促進了人類的進步。

這個說法好像是說，

妨礙船隻前進的拙劣操槳法會促使船隻前進。

——一八八六年《那麼，我們應該怎麼辦？》

以前，使教會和國家權力中的暴力正當化的神學，

其高深的知識僅止於神職人員，

庶民只能毫無怨言地信奉著像是

「皇帝、神職者及貴族的權力是神聖的」

之類的既成結論。

同樣地，現在的哲學、

法學等所有學科的高深知識都已被科學家所獨占，

庶民只能毫無怨言地相信像是

「社會體制應該就是目前的情況，

不會有任何其它形態的社會存在」之類的結論。

——一八八六年《那麼，我們應該怎麼辦？》

知識的範圍沒有界限。

所以，對一個擁有豐富之知識的人，

你不能說他比那些知識少的人懂得多。

——一九一○年《人生之道》

佔著聖者的座位，

卻毫無聖者之氣質的人，

當他們感到自己是大家的羅馬王，

或是宗務院之類令人憎恨的存在時，

（譯注：帝俄時代東正教的最高機關）

他們不但以為自己是聖者，還自稱為至聖。

科學也是如此，

本身連常識的基礎都沒有，

也不知道他們是否有所自覺，

居然還自稱為常識性的科學或科學的科學等。

——一八八六年《那麼，我們應該怎麼辦？》

·雅斯納亞·波里亞納的托爾斯泰宅邸（1910年）

會給予世人和極其嚴酷的宗教迷信
不相上下的害處的另一種恐怖的迷信，
在很久以前確實存在，現在也仍然存在。
對這個迷信熱心且全力支持的，就是科學。
這種迷信和宗教上的迷信十分相似，
它主張人類的義務之外架空了的存在，
有更重要的義務等著世人。
對神學來說，這個架空了的存在就是神；
就政治學來看，這個架空了的存在就是國家。
因宗教上的迷信，
要獻給這個被架空了的存在的犧牲品——
甚至人的生命，
因為充滿暴力的所有手段，
可以決定由人類當犧牲品，
而且也應該如此。
因政治上的迷信，而主張人類在義務之外
還有比架空了的存在還更重要的義務，
而且獻給架空了的存在的國家犧牲品——
大多是人類的性命，是一定需要的，
而且全憑暴力的手段達成。
以前有許多宗教奉獻者支持著迷信，
現在則必須靠科學支持。
人類在無知的狀態下，

教育應該是，

區別人與人的形式與知識。

——一八八六年《那麼，我們應該怎麼辦？》

掉進了極恐怖、極殘忍的奴隸狀態中。

但是，科學卻正為了讓人們以為這是理所當然，

而且除此之外別無它途而努力著。

——一八八六年《那麼，我們應該怎麼辦？》

近代的科學家喜歡裝腔作勢，充滿自信地說：

「我們只拿事實作為研究的對象。」

這句話到底意味著什麼？

只研究事實是絕不可能的，

因為我們所觀察到的事實（如同文字一般）有無數之多。

要研究事實之前，

還得先從無數的事實當中做一番選擇，

所以必須有作為選擇之根據的適當理論才行。

然而，近代大多數科學家無視於這個理論，

亦即不想知道這個理論。

或者說，他們根本不知道；

又或者說，他們一直假裝自己知道這個理論。

——一八八六年《那麼，我們應該怎麼辦？》

這個理論，就如同下述所說的，

亦即「人類是不滅的一個生命體，

而且每個人都是這個生命體各個器官的一小部分，

每個人都各自負著一個奉獻自己給全體的使命。」

　　——一八八六年《那麼，我們應該怎麼辦？》

科學與藝術都是人類了不起的成就。

但是，就因為兩者的成就都很了不起，

而讓他們染上了頹廢的風氣，

亦即染上了輕視用勞動奉獻給生活的人類風氣，

因而沒有辦法不讓他們繼續墮落下去。

　　——一八八六年《那麼，我們應該怎麼辦？》

我們稱之為文化的東西，

亦即我們的科學、藝術以及追求生活的快適等，

全都是欺蒙人類精神自然之要求的嘗試；

而稱之為衛生學或醫學的，

全都是欺蒙人類本性自然的肉體之要求的一種試驗。

　　——一八八六年《那麼，我們應該怎麼辦？》

奉獻給民眾，

這是科學的任務。

——一八八六年《那麼，我們應該怎麼辦？》

科學家和藝術家，

可以說，只有在他們以奉獻自己給民眾為目標的時候，

他們所從事的活動才可能對民眾有益。

但是，他們現在卻以奉獻給政府和資本家為自己的目標。

——一八八六年《那麼，我們應該怎麼辦？》

上流社會稱之為文明或文化的東西，

是沒有勞動的少數人

拘束大多數勞動者的奴隸制度的方法與結果。

上流社會的人都應該認清這一點。

——一九〇五年《生命終曲》

科學的正確目的是——

認識對人類之幸福有所幫助的真理。

將對人類之生活有害的謊言正當化，

並非科學的目的。

法學、經濟學，特別是哲學和神學，

都是擁有這種錯誤之目標的科學。

——一九一〇年《人生之道》

在彼此對立的兩個事物當中，

再也沒有像知識與利益，

或者學問與金錢般如此兩立的事物。

如果說，為了求更進一步的學識而必須花錢，

這等於是用錢買賣學識一般，

不論是買方還是賣方，兩者都犯了錯。

把商人趕出基督教的神殿！

同樣地，也必須把商人趕出學問的殿堂！

　　——一九一〇年《人生之道》

我們稱之為科學的東西，

幾乎全都只是有錢人所思考之物罷了，

而且有錢人只把它當作打發餘暇之用的東西。

　　——一九一〇年《人生之道》

不知，既不可恥，也沒有害處。

沒有人能知道所有一切事物。

不知而假裝知道，才是可恥而且有害的。

　　——一九一〇年《人生之道》

學問不像王冠，

可以拿來到處誇耀；
也不能把它當作乳牛一樣，
作為生計的資本。
——一九一〇年《人生之道》

承受知識的大腦，

其能力是有限的。

知識並不是知道得越多越好。

如果腦袋淨裝著毫無意義的東西，

會大大地妨礙真正需要知道的東西。

——一九一〇年《人生之道》

人們總以為越博識越好。這是不正確的。

重要的不在知道得多，

而在於知道最有用處的東西。

——一九一〇年《人生之道》

真實的學問有兩個明顯的特徵：

第一、內在的特徵，

亦即學者不考慮自己的利益，

並且犧牲自己，完成自己的使命。

第二、外在的特徵，

亦即學者的著作可以讓所有的人都看得懂。

——一九一〇年《人生之道》

貓頭鷹在黑暗中可以看見東西，

在陽光下便成了視盲。

學者也一樣，

他們在沒有必要的學問領域知道很多無聊的東西，

而人生當中最重要的問題，

亦即人如何生存下去的問題，

他們不但一無所知，而且無從得知。

——一九一〇年《人生之道》

學者，

就是從很多書籍當中吸收了非常多之知識的人。

知識分子是知道很多在眾人之間流行之事物的人。

有涵養的人是知道自己為什麼而活，

以及該做什麼的人。

你沒有必要成為學者或知識分子。

只有那種具有涵養的人，

才值得你努力達成。

——一九一〇年《人生之道》

盡信書不如無書。

不讀書也能變成好人。
如果盡信書上所寫，只會使人變傻。
——一九一〇年《人生之道》

所有人都要充分利用全人類的理性所完成的一切，
而且不能不利用。
但是，我們還是必須用我們的理性，
好好地檢討全人類的理性產物。
——一九一〇年《人生之道》

知識，不是只靠記憶力，
還要靠思考力的活動取得。
這時候的知識才是真正的知識。
——一九一〇年《人生之道》

造成歷史事件的原因是什麼？
這個問題的解答如下——
世界性的事件，其進展並非由個人的力量決定，
而是決定於與這個事件相關的人的隨心所欲都一致時。
對這種世界性事件的進展，
例如，像拿破崙那樣，
看起來似乎具有個人的影響力，
其實那只是表面看起來如此。
——一八六九年《戰爭與和平》

要研究歷史的法則，

必須完全改變觀察的對象。

換句話說，要拋開皇帝、部長或將軍輩的事蹟，

對於指導大眾的最小之同類要素，不能不去研究。

沒有人可以說，利用這個方法，

就能理解歷史的法則，

但是，只有利用這個方法，

才能把握住歷史的法則。

而且很明顯，對於利用這個方法的研究，

不需去花費以前的歷史學家記述許多皇帝或部長的業蹟，

以及記述對這些業蹟所做的考察等，

所花費之努力的百萬分之一。

　　——一八六九年《戰爭與和平》

歷史事件的英雄，

只賦予事件一個名稱作為標誌。

換句話說，

英雄與標誌一樣，

幾乎和事件的內容沒有關係。

　　——一八六九年《戰爭與和平》

學校並不是為了讓兒童能舒暢地讀書而設置，

而是為了讓教師能舒暢地教育兒童而設置。

——一八六二年《關於國民教育》

人類有意識地為自己而生活，

卻在無意之中，

成為達成全人類歷史之目的的一件工具。

一時發生的行為已經無法取消，

在為與其他人的數百萬行為於時間上一致的時候，

這個行為便具有歷史的意義。

人的社會地位越高，

越可能和更多的人建立關係，

於是他對別人的權力會相形增大，

他的行為也會明顯地變為特定而且難以避免。

「皇帝的心在神的手中！」皇帝是歷史的奴隸。

歷史，也就是人類無意識地共同參與集團生活，

將皇帝生活的所有瞬間當作是達成自身之目的的工具，

只為自己而利用這個工具。

——一八六九年《戰爭與和平》

不管什麼樣的思想家

都只能表現他那時代所意識到的事物。

所以，在這種意識下教育年輕的一代，完全無益，

因為這種意識早已深植於現在的這一代心中。

——一八六二年《關於國民教育》

承平時期的每一個主政者都深深認為，
在自己支配下的人民都是因為自己的努力才得以生存。
他們驕傲地自以為是不可或缺的人物，
並覺得這種驕傲是自己的辛苦與努力的最大報酬。
乘坐殘破的小船，
並把船篙搭在一艘叫人民的大船上的主政者，
在歷史的大海風平浪靜之時，
不管自己乘坐的小船正在移動，
還深自以為大船是靠著自己的力量前進。
但是，當風起雲湧，波浪交加，
大船開始活動時，
已經不再有錯覺產生的餘地。
大船開始聲勢浩大地自主運行時，
船篙就搭不上了，
主政者會迅速從力量之源的主權者地位淪落到毫不足取、
沒有用處的弱勢人類。
——一八六九年《戰爭與和平》

像是特意用一定的模型鑄造人類的訓育，
不僅無益，也不合法，更不該被允許。
——一八六二年《訓育與教育》

教育

是以追求平等的欲望與提升教養的不變法則為基礎的人類活動。

——一八六二年《進步與教育的定義》

學校不僅是教育機關，

還必須是能讓年輕的一代不停地產生新結論的實驗場所。

只有在實驗成為學校的基礎之時，

亦即在每個學校都成為「教育實驗室」之時，

學校才有可能趕上一般水準，

實驗才有可能為教育打下穩固的基礎。

——一八六二年《關於國民教育》

學校是國家的有機部分之一，

不能單只提出學校來討論或評價，

因為學校只有在對國家的其它部分的有用程度上，

才能論其價值。

學校只有在認識民眾據以為生的基本法則之時，

才能稱作是有用的東西。

——一八六二年《關於國民教育》

雖然我不說訓育表現出人類本性中壞的一面，

但它確是證明人類思想不成熟的一種現象，

因而不能成為人類理性活動——

亦即科學的基礎。

——一八六二年《訓育與教育》

訓育是為了造就能讓眾人覺得了不起的人，

而加諸他人的一種強制性充滿暴力的教育。

而教育，是以求知欲及傳授他人自己的知識之欲望

為基礎的一種自由的人際關係。

教授，是訓育與教育的工具。

訓育與教育的相異之處在於強制的有無。

訓育是強制性的教育，

教育則是自由的。

——一八六二年《訓育與教育》

對於學生和教師來說，

只有自由才是所有真實教育不可欠缺的條件。

這是我一直未改變的想法。

用處罰懲戒或用褒獎（權利等）約束，

藉以讓學生學習某種知識，

不但無法幫助真正的教育，

還是教育的最大阻礙。

——一九〇九年《關於訓育，〈給普戛果夫的信〉》

在大學裡，有教授沒有提過的教義。

也就是說，教授不是羅馬教皇，

不可能絕對不犯錯。

不僅如此，教授對於學生的教育，

就如同異教徒的僧侶之間一樣，

悄悄地祕密進行，並向學生們要求絕對的尊敬。

教授一旦被任命，便立刻開始他們的授業。

於是，教授好像是天生的白痴一般，

在實行他們的職務之時，

變得更加愚蠢，對於學問也完全失去了興趣，

好像是性格上就該被輕蔑的人一樣，

只要他們活著，授業便不中斷。

於是，學生完全失去表明他們的滿足或不滿的手段。

——一八六二年《訓育與教育》

訓育沒有存在的權利。

我不承認這種權利。

接受訓育的年輕一代也不承認這種權利。

以往他們不可能承認，

將來也一樣不可能承認。

不管在哪裡，他們會一直與訓育的強制對抗。

——一八六二年《訓育與教育》

在教育中，最重要的是無意識的感化。

現在談到這個似乎有點奇怪，

但是，要給孩子們堂堂正正的精神感化，

教育者自身的生活就必得堂堂正正才行。

那麼，堂堂正正的生活又是什麼？

雖說簡單，堂堂正正的生活卻有無止境的階段。

在這些無止境的階段當中，

有一個共通的主要特徵，

那就是努力使對所有人的愛更加完美。

當教育者有了這份用心，

孩子們也能感受到這份用心時，

才有真正了不起的教育。

——一九〇一年《關於自由教育》

學校不能介入只有家庭應該擔負的訓育工作。

學校不能給予褒獎或懲罰，

也沒有這種權力。

最優良的學校管理，

會給予學生完全的學習之自由與自治。

我相信，這才是正確的做法。

——一八六二年《雅斯納亞・波里亞納學校報告》

所謂教育的進步，

仔細檢討這個問題的沿革，可以概括地說，
就是教師與學生之間自然關係越來越大，
強制程度越來越小，學習越來越容易。

——一八七四年《再論國民教育》

教師和學生之間最好的關係就是自然的關係。

相對地，則是強制的關係。

對此，應該沒有人會提出異議。

因此，所有教育方法的尺度，

應該在於授業時自然關係的或大或小。

在兒童學習時所給予的強制程度越小，

這個教育的方法就越好；強制的程度越大，

就是越低劣的教育方法。

——一八七四年《再論國民教育》

教師只要對工作付出愛，

他就可能成為好教師。

教師只要對學生付出像父母一樣的愛，

比那些教完所有的書本，

卻不對他的工作和學生付出愛的教師，

更有可能成為出色的教育者。

能將對工作的愛與學生的愛合併在一起的教師，

是一個完美的教師。

——一八七二年《對於教師的一般意見》

關於・托爾斯泰的生涯

列夫‧尼古拉耶維奇‧托爾斯泰（Lev Nikolaevich Tolstoy）的生涯，用簡單的年表整理如後——

‧一八二八年　八月二十八日（新曆九月九日）出生於莫斯科南方二百公里處屠拉市郊的雅斯納亞‧波里亞納（「森林深處的明亮草地」之意）莊園。父親尼古拉‧依里奇‧托爾斯泰伯爵是曾經參加一八一二年「祖國戰爭」（拿破崙侵入莫斯科之役）的退休中校；母親瑪利亞‧尼古拉耶維奇是伏隆肯斯基公爵家出身的郡主。

‧一八三〇年　母親瑪利亞去逝。列夫兩歲。

‧一八三七年　全家遷往莫斯科。父親病發猝死。

‧一八四一年　托爾斯泰四兄弟及一個妹妹遷往喀山的佩‧伊‧尤斯柯娃姑媽家。

‧一八四四～四七年　進入喀山大學。最初攻讀哲學院的阿拉伯‧土耳其文學系，後轉讀法律。最後因無法滿足於大學教育而中途退學。

‧一八四七～五一年　閒居雅斯納亞‧波里亞納莊園，從事農業管理。時常前往莫斯科、聖彼得堡。

‧一八五一～五五年　一八五一年四月前往高加索，加入軍隊，參加與高加索原住民的戰鬥。在高加索完成了中篇小說《童年》（一八五一～五二年）、《少年》（一八五二～五四年）、《俄羅斯地主的故事》（一八五二～五七年），短篇小說《突襲》（一八五二年）、《伐林》（一八五三～五五年〉、《彈子房記分

員手記》（一八五三年），中篇小說《哥薩克人》。
一八五二年在《現代人》雜誌以「我的童年故事」為名
刊出《童年》（註一）。克里米亞戰爭（一八五三～
五六年）爆發之後，一八五四年被任命為砲兵軍士，參
加塞瓦斯托堡防衛戰。這期間，完成了戰記《十二月的
塞瓦斯托堡》（一八五五年）、《五月的塞瓦斯托堡》
（一八五五年）、《八月的塞瓦斯托堡》（一八五五
年）（註二）。一八五五年十一月返回聖彼得堡，與尼
古拉索夫（詩人，一八二一～七七年）、岡恰洛夫（評
論家，一八二八～一八八九年）、屠格涅夫（作家，
一八一一～八三年）等《現代人》雜誌圈子裡的文人會
面。
〔註一〕　托爾斯泰便是以《童年》躍上俄國文學史。
〔註二〕　這系列的作品統稱為「塞瓦斯托堡故事」，清
　　　　　楚地反應了托爾斯泰的反戰立場，並讚揚農民
　　　　　出身的俄羅斯軍隊的英勇行為。
‧一八五六～五九年　一八五六年末，托爾斯泰離開軍
　　隊，閒居在彼得堡、莫斯科、雅斯納亞‧波里亞納莊
　　園。一八五七年赴歐洲旅行，歷遊法國、瑞士及德國。
　　一八五九年離開《現代人》雜誌。《現代人》雜誌在尼
　　古拉索夫、岡恰洛夫、多伏洛劉伯夫（評論家‧
　　一八三六～一八六一年）等人主持下，徹底成為傾向革
　　命的民主主義機構。托爾斯泰與這些激進的民主主義者

意見不合。與托爾斯泰一同離開《現代人》的尚有屠格涅夫、柯果洛維奇（作家，一八二二～一八九九年）。托爾斯泰此時遠離創作，在雅斯納亞‧波里亞納從事教育活動，設立學校，教育自家農民的小孩，並以「雅斯納亞‧波里亞納」為名，發行教育雜誌。這個時期的作品有短篇小說《暴風雨》（一八五六年）、《兩個驃騎兵》（一八五六年）、中篇小說《青年》（一八五五～五六年）、《一個地主的早晨》（註一）（一八五六年），短篇小說《D‧涅夫魯多夫公爵的日記》（註二）（又名「琉森」，一八五七年）、《阿爾伯特》（一八五七～五八年）、「三個死」（一八五八年）等。

〔註一〕　這部作品十分深刻地描寫了地主與農民之間的矛盾。

〔註二〕　托爾斯泰藉由這部作品，諷刺拜金主義的西方社會和資本主義文明，否定其進步的角色。

‧一八六〇年七月～六一年四月　再度赴歐，訪問德、法、義、英、比等國。開始著手小說《十二月黨員》。

‧一八六一～六二年　被任命為仲裁土地糾紛的調停人，參加「解放農奴」的運動。托爾斯泰致力於調解地主與農民之間的糾紛，盡可能為農民爭取利益，因而遭地主方面的憎恨，不得不辭去調人的職務。政府懷疑托爾斯泰的社會活動與教育活動，前往雅斯納亞‧波里亞納莊

園搜查。一八六二年九月，與莫斯科宮內御醫的女兒蘇菲雅‧安德烈耶芙娜‧貝耳斯結婚。這時期的主要作品有中篇小說《波里庫士卡》（一八六一～六二年）、《哥薩克人》（註一）（一八五二～六二年，一八五三年發表於《俄羅斯通報》），評論《關於國民教育》（註二）、《訓育與教育》（兩篇均完成於一八六二年），以及《進步與教育的定義》（一八六二年）等作品。

〔註一〕　描寫高加索人民與大自然的美麗作品。

〔註二〕　托爾斯泰提倡鼓吹「自由教育」，反對「強制教育」。

‧一八六三～六九年　開始寫《戰爭與和平》（註一）。一八六三年，在法庭為因毆打長官而被判死刑的謝伏寧辯護。

〔註一〕　以拿破崙入侵莫斯科為背景的偉大史詩動作品。小說中出現的人物有五百人之多，內容批判了違背國民利益的貴族階級。是十九世紀世界寫實小說登峰造極之作。

‧一八七三～七七年　開始寫《安娜‧卡列尼娜》（註一）。繼續前此中斷的教育活動。發表評論《再論國民教育》（一八七四年）。

〔註一〕　以在上流社會冷酷、偽善道德之下犧牲的安娜之命運為背景，揭發解放農奴之後的俄國社會

上下階層中的矛盾。在質與量上均媲美《戰爭
與和平》。

・**一八七〇年代末期**　托爾斯泰的世界觀在醞釀已久之後
終於轉變。借用列寧（一八七〇～一九二四年）的話
說，與其說他是「基督教的無政府主義者」，倒不如說
他是站在「樸實的俄國家長制農民」的思想立場上。這
個時期所寫的評論有《教會與國家》（一八七九年）
等。

・**一八八〇～九〇年**　從一八八一年開始，托爾斯泰冬天
住在莫斯科，夏天住在雅斯納亞・波里亞納莊園。
一八八一年，沙皇亞歷山大二世（一八一八～八一年）
遇刺，托爾斯泰上書亞歷山大三世（一八四五～九四
年），請求赦免刺客。一八八二年參加莫斯科人口普
查，選出貧民較多的區域配合調查。同年，莫斯科市警
察開始暗中監視托爾斯泰。這時期的作品有《懺悔》
（一八八〇～八二年）、《教條神學批判》（一八八〇
年）、《我的信仰是什麼？》（一八八四年）、《人生
論》（一八八六～八七年）等評論（註一），《四部福
音書譯本及重要語詞索引》（一八八一年）、《福音摘
要》（一八八一年），以及各種民間故事、中篇小說
《伊凡・伊里奇之死》（一八八四～八六年）、劇本
《黑暗的勢力》（一八八六年）、喜劇《文明的果實》
（一八八六～九〇年）、中篇小說《克羅采奏鳴曲》

（一八八七～八九年）等。

〔註一〕　托爾斯泰藉著這些評論，激烈地攻擊宗教的道
　　　　　德立場、官僚化的教會、國家的暴力專制和資
　　　　　本家的社會體制。

・一八九一～一九〇〇年　為了救濟因災荒而飽受飢餓之
　苦的農民而工作。在各地設立食堂，高呼援助農民之
　聲，發表關於飢荒的評論。這時期的主要作品有長篇小
　說《復活》（註一）（一八八九～九九年），短篇小說
　《主與僕》（一八九四～九五年），評論《上帝的天國
　在你心中》（註二）（一八九一～九三年）、《基督教
　與愛國心》（一八九四年）、《藝術論》（註三）
　（一八九六～九八年）、《現代的奴隸制度》（一九
　〇〇年），戲劇《活屍》（一九〇〇年）等。

〔註一〕　猛烈攻擊政府與教會專制的作品。托爾斯泰用
　　　　　寫實手法，沒有假借任何事物，揭發帝俄社會
　　　　　下腐敗的道德。在這部作品中，也闡明了所謂
　　　　　的「托爾斯泰主義」。

〔註二〕　相當引人注目的藝術評論。托爾斯泰說明，藝
　　　　　術是為藝術而藝術、非拜金的藝術、為人民奉
　　　　　獻的大眾藝術。

・一九〇一～〇五年　一九〇一年二月，東正教以《復
　活》的發行為由，將托爾斯泰驅逐出教。同年夏天，托
　爾斯泰得重病，赴克里米亞休養。在克里米亞待到一九

〇二年七月。這時期常常與契訶夫（作家，一八六〇～
一九〇四年）、戈里奇（作家，一八六八～一九三六
年）等會面。主要作品有短篇小說《舞會之後》（一九
〇三年）、中篇小說《哈治‧穆拉特》（一八九六～
一九〇四年）、評論《莎士比亞與戲劇》（一九〇三
年）等。

・一九〇五～〇八年　俄國發生革命，未果。托爾斯泰強
烈地抨擊政府對革命分子的報復行動。短篇小說《為什
麼？》（一九〇六年）、評論《我不能沈默》（一九〇
八年）等。

・一九〇八年　八十歲壽辰。許多關於托爾斯泰的論文紛
紛發表，其中有列寧的《列夫‧托爾斯泰─俄羅斯革命
的明鏡》。

・一九一〇年　十月二十八日，托爾斯泰為了解開自己的
信念與實際生活之間的矛盾，斷然永遠捨棄雅斯納亞‧
波里亞納莊園而離家出走，在途中染上肺炎。十一月七
日（新曆二十日）死於阿斯塔波沃車站附近。遺稿有
《人生之道》（註一）等。

〔註一〕　這應該是引人注目的托爾斯泰思想整合的成品
　　　　　之一。內容含有古今東西方聖賢的語錄，以及
　　　　　托爾斯泰自己的思想與言論。

國家圖書館出版品預行編目資料

托爾斯泰格言集，林郁主編，
　初版，新北市，新視野 New Vision，2019.11
　　面；　公分 --
　　ISBN 978-986-98077-5-3 （平裝）
1.托爾斯泰（Tolstoy, Leo, graf, 1828-1910）2.格言

192.8　　　　　　　　　　　　　　　108014835

托爾斯泰格言集

主　　編　林郁
出　　版　新視野 New Vision
製　　作　新潮社文化事業有限公司
　　　　　電話 02-8666-5711
　　　　　傳真 02-8666-5833
　　　　　E-mail：service@xcsbook.com.tw

印前作業　東豪印刷事業有限公司
印刷作業　福霖印刷有限公司

總 經 銷　聯合發行股份有限公司
　　　　　新北市新店區寶橋路 235 巷 6 弄 6 號 2F
　　　　　電話 02-2917-8022
　　　　　傳真 02-2915-6275

初版一刷　2019 年 12 月